JN065099

Sacré-Cœur

MONTMARTRE

Gare du Nord

La Villette

Gare de l'Est

Parc des
Buttes-Chaumont

Canal St-Martin

Place de la République

Musée du
Louvre

Forum
des Halles

Centre
Georges Pompidou

Cimetière du
Père-Lachaise

Notre-Dame

Ile de la Cité

QUARTIER
DU MARAIS

ain-des-Prés

Bd. St-Germain

Sorbonne

Ile St-Louis

Bd. Henri IV

Opéra
Bastille

Place de la Nation

Bd. Diderot

bourg

Panthéon

QUARTIER LATIN

Institut du
Monde Arabe

Gare de Lyon

Jardin des Plantes

Ministère des Finances

d. du Montparnasse

Gare
d'Austerlitz

SSE

Palais Omnisport
de Paris-Bercy

Bois de Vincennes

Place d'Italie

Bibliothèque Nationale

Parc Montsouris

Seine

ersitaire

Civi-Langue

nouvelle édition

Michel SAGAZ
Makiko NAKAZATO

Surugadai-Shuppansha

音声について

本書の音声は、下記サイトより無料でダウンロード、
およびストリーミングでお聴きいただけます。

https://stream.e-surugadai.com/books/isbn978-4-411-01136-7/

＊ご注意
・PCからでも、iPhoneやAndroidのスマートフォンからでも音声を再生いただけます。
・音声は何度でもダウンロード・再生いただくことができます。
・当音声ファイルのデータにかかる著作権・その他の権利は駿河台出版社に帰属します。
　無断での複製・公衆送信・転載は禁止されています。

表紙：西田　杏祐子
イラスト：渡辺　洋子

はじめに AVANT-PROPOS

　《Civi-Langue》は，すでにフランス語の基礎を学んだ方が，既習の事項を確認しながら，ディクテを中心に実践的なフランス語運用能力（仏検4級レベル）を身につけるための教科書です．本書は，学習者に規則を教え込むのではなく，「言葉の世界に導く」というイメージをもって作成されました．教師がすべての規則を示さなくとも，学ぶべき内容を学習者自身が認識し，自らの責任で学習する「暗示的学習」を実現できるようさまざまな工夫がしてあります．とはいえ，文法事項を「明示的に」説明している部分もありますから，学習者や学習環境に応じて授業を進めていただければと思います．

　本書では，各課ごとに特定の文法事項に照準を合わせ，また，「フランスの家族」，「喫煙」，「ストライキ」など，文化的テーマをひとつずつ取り上げています．フランス語《langue》と文化《civilisation》のバランスのよい学習を目指したいと思い，タイトルを《Civi-Langue》としました．では，フランス語の美しい響きをお楽しみください．

著者一同

Civi-Langue s'adresse à des apprenants qui ont déjà suivi une cinquantaine d'heures de cours. La progression pour laquelle nous avons opté n'est pas linéaire et ascendante ; elle favorise, au contraire, la complexification et la structuration des acquis réalisés lors de l'apprentissage antérieur et lors de l'étude même du présent ouvrage.

Civi-Langue permet de développer des compétences équivalentes au niveau 4 du Diplôme d'Aptitude Pratique au Français (*Futsuken 4kyu*) de l'APEF[1]. Nous avons privilégié l'axe oral/écrit en multipliant les occasions de s'entraîner à la compréhension orale (présence de deux texte-dictées et d'exercices d'écoute dans chaque leçon). Pour ce qui est des notions linguistiques spécifiquement étudiées dans chaque leçon, nous avons voulu, dans un premier temps, faire travailler les apprenants directement sur la langue plutôt que de leur donner des règles toutes faites. Dans un deuxième temps néanmoins, nous proposons en complément des explications dans une optique déclarative, car nous ne pouvions pas traiter tous les aspects de façon implicite.

　Notre point de vue franco-japonais participe de l'optique méthodologique, linguistique et civilisationnelle que nous présentons dans *Civi-Langue*.

Les auteurs

---

[1] Association pour la Promotion de l'Enseignement du Français, https://apefdapf.org

目　次
Table des matières

11	受動態（être + 過去分詞） 非人称構文 文のつながり（同時性，条件，対比など）	たばこ中毒 Tabagisme	• Le tabagisme passif • Fumer	89
12	条件法現在 現在分詞 ジェロンディフ 命令形	アルコール Alcool	• Apéritif • Permis de conduire	97

各課の構成と使い方
Organisation des leçons et aspects méthodologiques

　1 ページ目では，その課で扱われる文法事項への導入として簡単な練習を行います．学習者はここで既習の内容を思い出し，自らの理解度や運用能力を認識します．

　2 ページ目と 3 ページ目ではディクテを行います．音声を聞きながらテクストの空欄に単語を書き入れ，文章を完成させた後，内容にかんする質問（形式は vrai／faux と QCM）に答え，理解を確かめます．

　4 ページ目と 5 ページ目の前半では，文法事項が明示的に説明されます．学習者の理解度に応じてこの部分に割く時間を調節する，あるいは，ディクテよりも先に文法事項の説明を行うことも可能です．

　6 ページ目では，日仏対訳のテクストによって，各課の文化的テーマを掘り下げ，議論するための視点が提示されます．

　7 ページ目と 8 ページ目の練習問題は，文法事項の理解度や運用能力を評価するテストではなく，規則について学習者が自分なりの認識を持ち，実践する機会を与えるものです．

L'**introduction** de chaque leçon présente un matériau linguistique sans formuler de règles, ce qui permet aux apprenants de se situer par rapport au(x) point(s) abordé(s). Dans les pages **dictée**, l'écoute de l'enregistrement leur permet de compléter les textes à trous. La compréhension du texte peut être testée à travers les questions vrai/faux et les QCM. La page **grammaire** présente les mêmes points que l'introduction, mais sous une forme déclarative (explications et exemples). Les règles grammaticales sous-jacentes aux notions abordées sont également perceptibles lors de la réalisation des **exercices**. En cela, ces derniers ne sont pas seulement des *tests* pour voir si les apprenants ont compris/peuvent appliquer des règles grammaticales. Ce sont aussi des *aides* pour que chaque apprenant continue à intégrer et à structurer progressivement ses propres représentations de règles. Le traitement que nous accordons à la **civilisation** apporte un éclairage qui nuance la vision traditionnellement adoptée.

Introduction	Dictée 1	Dictée 2	Grammaire	Grammaire ------------ Vocabulaire	Civilisation	Exercices	Exercices
1	2	3	4	5	6	7	8

1. アルファベ 🔊2

A	a	[ɑ]	ア		N	n	[ɛn]	エヌ
B	b	[be]	ベ		O	o	[o]	オ
C	c	[se]	セ		P	p	[pe]	ペ
D	d	[de]	デ		Q	q	[ky]	キュ
E	e	[ə]	ウ		R	r	[ɛːr]	エール
F	f	[ɛf]	エフ		S	s	[ɛs]	エス
G	g	[ʒe]	ジェ		T	t	[te]	テ
H	h	[aʃ]	アシュ		U	u	[y]	ユ
I	i	[i]	イ		V	v	[ve]	ヴェ
J	j	[ʒi]	ジ		W	w	[dublǝve]	ドゥブルヴェ
K	k	[kɑ]	カ		X	x	[iks]	イクス
L	l	[ɛl]	エル		Y	y	[igrɛk]	イグレック
M	m	[ɛm]	エム		Z	z	[zɛd]	ゼッドゥ

2. 綴り字と発音 🔊3

母音

・a, à, â	[a / ɑ]	ア	ma, là, âge
・é	[e]	エ	été, école, bébé
・è, ê	[ɛ]	エ	très, tête, rêve
・e（上記以外の語中の e）	[ə]	ウ	petit, menu, demi
・i, î, y	[i]	イ	vite, dîner, style
・o, ô	[o]		pot, hôtel, mot
・o	[ɔ]		idole, porte, robe
・u, û	[y]	ユ	musée, rue, flûte
・eu	[ø]		deux, bleu, feu
・œ	[œ]		cœur, sœur, peur
・ou, où	[u]	ウ	rouge, amour, où
・an, am, en, em	[ɑ̃]	アン	diamant, chambre, encore, temps
・in, im, yn, ym	[ɛ̃]	アン	invitation, impossible, syndicat, symbole
・ain, aim, ein			pain, faim, ceindre
・un, um	[œ̃]	アン	brun, parfum, lundi
・on, om	[ɔ̃]	オン	pardon, oncle, ombre

半母音

・i＋母音字	[j]	イ	ciel, piano, étudiant
・u＋母音字	[ɥ]	ユ	nuage, nuit, cuisine
・ou＋母音字	[w]	ウ	oui, ouest, voiture

注意すべき子音

・c＋a, o, u	[k]	café, école, culture
・c＋e, i, y	[s]	ce, cinéma, cycle
・g＋a, o, u	[g]	garçon, gomme, aigu
・g＋e, i, y	[ʒ]	rouge, gilet, gymnase
・ch	[ʃ]	chat, château, bouche
・ph	[f]	téléphone, photo, physique
・gn	[ɲ]	campagne, signe, montagne
・th	[t]	thé, théâtre, rythme
・qu	[k]	disque, question, musique
・母音字＋s＋母音字	[z]	saison, poison, désert

3. 綴り字記号

´	accent aigu	é		¸	cédille	ç
`	accent grave	à, è, ù		’	apostrophe	l'amour
^	accent circonflexe	â, ê, î, ô, û		-	trait d'union	peut-être
¨	tréma	ë, ï, ü				

4. 句読記号

.	point		!	point d'exclamation
,	virgule		…	points de suspension
;	point-virgule		—	tiret
:	deux-points		« »	guillemets
?	point d'interrogation		( )	parenthèses

5. 連続する語句に関する発音の規則

リエゾン liaison

un‿enfant　　　les‿hôpitaux　　　prêt-à-porter

chez‿elle　　　grand‿arbre　　　deux‿hôtels

アンシェヌマン enchaînement

elle‿est　　　　il a une‿amie

エリジオン élision

l'homme（le＋homme）　　l'étoile（la＋étoile）

j'habite（je＋habite）　　c'est（ce＋est）　　s'il（si＋il）

Civi-Langue
Leçon 1

grammaire
　名詞・形容詞の性　男性／女性
　名詞・形容詞の性　単数／複数
　文のつながり（理由）
　所有形容詞

civilisation
　フランスの祭り Les fêtes

Introduction

A）形容詞の女性形や複数形を作る法則に注目しましょう．

Essayez de trouver une règle pour la formation du féminin et du pluriel des adjectifs.

Jean	est	content
Françoise	est	contente
Jean et Paul	sont	contents
Françoise et Marie	sont	contentes
Jean et Françoise	sont	contents

B）Aの表を参考にして，次の表に記入しましょう．

En vous aidant du tableau de l'activité A, essayez de compléter le tableau suivant.

Alain	est	grand
Muriel	est	
Alain et Jacques	sont	
Muriel et Simone	sont	
Alain et Muriel	sont	

C）次の形容詞は女性形の作り方が少し違いますが，原則はAの表と同じです．

La forme de l'adjectif dans le tableau ci-dessous change un peu, mais le principe ne change pas. Essayez de compléter le tableau suivant.

Didier	est	
Pascale	est	lycéenne
Didier et Fabrice	sont	
Pascale et Sandra	sont	
Didier et Pascale	sont	

Compréhension

音声を聞いてください．下の単語の中から適切なものを選び，空欄に記入しましょう．

Écoutez les textes et complétez-les avec les « Mots à choisir ».

Texte 1 📢 4   **Fête de la Chandeleur**

Le 02 _____, c'est la _____ de la Chandeleur. On mange des crêpes. C'est une tradition. Jeanne est très _____. Elle prépare des crêpes avec _____ maman.

François est le frère de Jeanne. Il est triste car il est _____. Sa sœur ne joue pas avec _____. Son papa est au travail. Ses _____ Cyril et Amélie sont chez leur oncle à la campagne. Son ami Maxime est à son club de judo.

François regarde la télévision : il y a une _____ sur les _____. Il aime beaucoup les animaux. Son animal _____, c'est le cheval. L'été, il va chez ses cousins : ils ont deux _____. Maintenant, François est _____… et il voudrait manger une crêpe !

```
┌─ Mots à choisir ──────────────────────────────────────────────────────┐
│                                                                         │
│   seul      chevaux      animaux      contente     amis       préféré   │
│   fête      content      février      lui          émission   sa        │
│                                                                         │
└─────────────────────────────────────────────────────────────────────────┘
```

内容理解 *Questions*

1) テクストの内容と合っていれば《vrai》，違っていれば《faux》に印をつけましょう．

    Vrai ou faux ?

	vrai	faux
1) La fête de la Chandeleur est le 02/02.	☐	☐
2) Jeanne est la mère de François.	☐	☐
3) Maxime ne fait pas de sport.	☐	☐
4) François déteste les animaux.	☐	☐

2) a, b, c のうち，テクストの内容と合っているものをひとつ選びましょう．

    Choisissez la bonne réponse.

1	Au début du texte, François est	a- content.
		b- triste.
		c- fatigué.
2	Ils sont frère et sœur :	a- Cyril et Maxime.
		b- Maxime et Amélie.
		c- Amélie et Cyril.
3	Jeanne prépare des crêpes	a- parce qu'elle est très contente.
		b- parce que c'est la Chandeleur.
		c- parce qu'elle ne veut pas jouer avec François.
4	À la fin du texte, François est	a- fatigué.
		b- triste.
		c- content.

 **Texte 2** 🔊5   # La Saint-Valentin

Françoise est heureuse. Elle a quarante-six ans. Elle est _____ dans _____ boutique. Elle est _____ avec Jean. Ils ont _____ enfants. _____ fille s'appelle Pascale ; elle a _____ ans ; elle est lycéenne. Leur _____ s'appelle Frédéric ; il a _____ ans ; il est étudiant.

Ce soir, ils ne sont pas à la maison car c'est la Saint-Valentin ! Françoise et Jean sont _____ restaurant. Pascale est au cinéma avec son petit _____. Mais Frédéric n'a pas _____ petite amie ; il est au concert avec ses _____.

┌ Mots à choisir ───────────────────────────────────────

seize	ami	de	fils	amis	mariée
au	Leur	une	vingt	vendeuse	deux

内容理解 *Questions*

1) テクストの内容と合っていれば《vrai》, 違っていれば《faux》に印をつけましょう.
Vrai ou faux ?

	vrai	faux
1) Jean est le père de Pascale.	☐	☐
2) Frédéric est le père de Françoise.	☐	☐
3) Dans le texte, c'est le 14/02.	☐	☐
4) Frédéric est à un concert.	☐	☐
5) Frédéric n'a pas de sœur.	☐	☐

2) a, b, c のうち, テクストの内容と合っているものをひとつ選びましょう.
Choisissez la bonne réponse.

1	Françoise est	a- fatiguée.
		b- très contente.
		c- malheureuse.
2	Françoise	a- est femme au foyer.
		b- travaille dans un bureau.
		c- travaille dans un magasin.
3	Françoise et Jean ont une fille	a- qui a 15 ans.
		b- qui s'appelle Pascal.
		c- qui va au lycée.
4	Françoise et Jean ont un fils	a- qui est musicien.
		b- qui va à l'université.
		c- qui s'appelle Frédérique.

Grammaire

1) 名詞・形容詞の性数変化

男性単数	〜	男性複数	〜s
女性単数	〜e	女性複数	〜es

Jean est étudiant. Il est français. Il est content. (🧍)

Jeanne est étudiante. Elle est française. Elle est contente. (🧍)

Jeanne et Françoise sont étudiantes. Elles sont françaises. Elles sont contentes. (🧍🧍)

Jeanne et François sont étudiants. Ils sont français. Ils sont contents. (🧍🧍)

例外

名詞：bureau/bureaux, cadeau/cadeaux, animal/animaux, cheval/chevaux

形容詞：national/nationaux, social/sociaux, oriental/orientaux

2) 所有形容詞

所有の対象 / 所有者	男性単数	女性単数	複数
je	mon	ma (mon)	mes
tu	ton	ta (ton)	tes
il/elle/on	son	sa (son)	ses
nous	notre		nos
vous	votre		vos
ils/elles	leur		leurs

母音または無音の h で始まる女性名詞の前では，ma, ta, sa は mon, ton, son になる.

✉ enveloppe → mon enveloppe

＊所有形容詞のまとめ

Marc（男性）

son sac　彼のかばん

sa voiture　彼の車

Sylvie（女性）

son sac　彼女のかばん

sa voiture　彼女の車

sac が男性名詞なので，所有者が男性でも女性でも son

voiture が女性名詞なので，所有者が男性でも女性でも sa

3) 文のつながり（理由）

parce que

Jeanne est très contente parce qu'elle prépare des crêpes avec sa maman.

car

Ce soir, ils ne sont pas à la maison car c'est la Saint-Valentin !

alors

François est seul chez lui, alors il regarde la télévision.

comme

Comme Frédéric n'a pas de petite amie, il est allé à un concert avec ses amis.

Vocabulaire

家族（家系図） 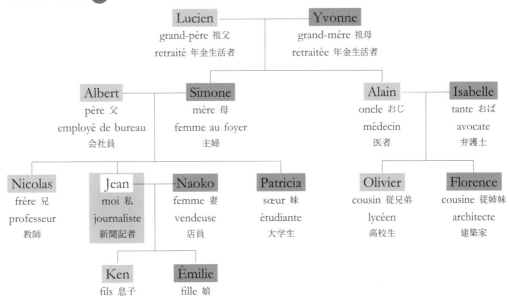6

形容詞 7

	男性形	女性形
満足している	content	contente
幸せな	heureux	heureuse
退屈な	ennuyeux	ennuyeuse
悲しい	triste	
大きい	grand	grande
小さい	petit	petite
親切な	gentil	gentille
意地の悪い	méchant	méchante
既婚の	marié	mariée

国籍 8

	男性形	女性形
フランス人	français	française
日本人	japonais	japonaise
ドイツ人	allemand	allemande
イタリア人	italien	italienne
イギリス人	anglais	anglaise
スペイン人	espagnol	espagnole
中国人	chinois	chinoise
アメリカ人	américain	américaine
スイス人	suisse	

祭り

フランスには一年を通してたくさんの祭りがあります．例えば…

　　1月　元旦（1日），東方の三博士の祭りである公現祭（6日）
　　2月　聖蝋節（2日），ヴァレンタイン・デー（14日）
　　4月　復活祭
　　5月　メーデー（1日），第二次世界大戦終戦記念日（8日），キリスト昇天祭
　　7月　革命記念日（14日）
　　8月　聖母被昇天祭（15日）
　　11月　万聖節（1日），第一次大戦の休戦記念日（11日）
　　12月　クリスマス（25日）

　フランス人でもこれらの祭りの起源を知っているとは限りません．例えば，「聖蝋節 Chandeleur」がカトリックの祭りであることを知らない人もいます．昔，それは文字通り蝋燭の祭りでした．人々は教会から祝別された蝋燭を持ち帰り，一年間，家を守護するお守りとしたのです．

　現代では，この祭りの日にはクレープを食べるのが習慣となっています．なぜクレープか．それは，クレープの色と形が春になって戻ってきた太陽を思わせるからです．また，聖蝋節をキリスト教の祭りとした五世紀の法王ジェラーズ一世が，ローマに到着した巡礼者たちにクレープをもてなし，労をねぎらったとも言われています．

　クレープを食べる伝統に関していくつか言い伝えがあります．例えば，左手に硬貨を握ってクレープを焼く，あるいは，最初のクレープを箪笥の上に放り投げると一年間幸せに過ごせるという言い伝え．

　クレープには，リンゴを原料とするアルコール飲料，シードルがよく合います．

Les fêtes

　En France, il y a beacoup de fêtes pendant l'année. On peut citer : en janvier, le Jour de l'An et l'Épiphanie (= la fête des Rois) ; en février, la Chandeleur et la Saint-Valentin ; en avril, Pâques ; en mai, la Fête du Travail, la fin de la seconde guerre mondiale, l'Ascension, la Pentecôte et la Fête des Mères ; en juillet, la Fête Nationale ; en août, l'Assomption ; en novembre, la Toussaint et l'Armistice ; et en décembre, Noël.

　Les Français ont souvent oublié l'origine de ces fêtes. Ils ne savent pas toujours, par exemple, que la Chandeleur est une fête d'origine catholique. Autrefois, c'était la fête des chandelles. On ramenait de l'église une bougie bénie pour protéger la maison durant l'année à venir. De nos jours, la tradition est de manger des crêpes le jour de la Chandeleur. Pourquoi des crêpes ? La forme et la couleur de ce plat rappellent celles du soleil, de retour après l'hiver. On dit aussi que le pape Gélase 1er (Ve siècle) réconfortait avec des crêpes les pèlerins arrivés à Rome.

　Plusieurs symboliques sont rattachées à la tradition des crêpes : faire sauter les crêpes avec une pièce dans la main gauche ou lancer la première crêpe sur le dessus de l'armoire apporte du bonheur toute l'année…

　On accompagne souvent les crêpes de cidre, une boisson faiblement alcoolisée à base de pommes.

Exercices

1) （a），（b），（c）のうち適切なものを選びましょう．

Choisissez la bonne réponse.

1. J'ai deux amies (　　　).

   (a) italienne　　　(b) italiens　　　(c) italiennes

2. Nicolas aime le cinéma (　　　).

   (a) japonais　　　(b) japonaise　　　(c) japonaises

3. Ces livres sont (　　　).

   (a) ennuyeuse　　　(b) ennuyeux　　　(c) ennuyeuses

4. Ce sont les parents de Jean ? — Oui, ce sont (　　　) parents.

   (a) leur　　　(b) son　　　(c) ses

5. C'est votre fille ? — Oui, c'est (　　　) fille.

   (a) ma　　　(b) mon　　　(c) votre

2) 下線の引いてある語を［　］内の語で置き換えて文章を書き直しましょう．

Réécrivez les phrases suivantes en remplaçant les mots soulignés par les mots entre crochets.

1. Leur fils est lycéen. ［fille］

2. Son frère est marié. ［frères］

3. Ta maison est grande. ［sac］

4. Françoise et Simone sont françaises. ［François］

5. Notre voiture est grande. ［voitures］

3) 性と数に注意しながら（　）内の形容詞を適切な形にして＿＿＿＿に書き入れましょう．また，☐に所有形容詞を記入しましょう．

Complétez chaque ＿＿＿＿ avec les mots proposés entre parenthèses. Complétez chaque ☐ par un adjectif possessif.

☐ famille.

Je m'appelle Jean. Je suis ＿＿＿＿ (français). ☐ femme est ＿＿＿＿ (japonais). ☐ enfants s'appellent Ken et Émilie. Ils sont très ＿＿＿＿ (mignon).

☐ parents habitent dans le sud de la France. Ils sont très ＿＿＿＿ (heureux).

☐ oncle Alain est ＿＿＿＿ (médecin) et ☐ tante est ＿＿＿＿ (avocat). Ils adorent ☐ travail. Ils sont ＿＿＿＿ (marié) depuis 30 ans !

Lucien et Yvonne, ☐ grands-parents, sont ＿＿＿＿ (retraité). ☐ maison est ＿＿＿＿ (grand) !

4)

a）これから聞く10の文章をひとつずつ下の絵と結びつけましょう．  9

Regardez ces dix images. Vous allez entendre dix phrases. Associez une phrase à chaque image.

b）聞き取った文章を書きましょう．

Écrivez les phrases que vous avez entendues.

A _____

B _____

C _____

D _____

E _____

F _____

G _____

H _____

I _____

J _____

Civi-Langue
Leçon 2

grammaire
動詞の活用
日常的によく使う動詞
規則動詞／不規則動詞／代名動詞

civilisation
フランスにおける日本文化
Culture japonaise en France

Introduction

A) 動詞 être と avoir の活用を知っていますか？　表に記入しましょう.

Essayez de compléter les tableaux suivants.

être	
je	
tu	
il/elle/on	
nous	
vous	
ils/elles	

avoir	
j'	
tu	
il/elle/on	
nous	
vous	
ils/elles	

B) 動詞の活用の規則に注意しながら，次の表に記入しましょう.

Observez les formes des verbes et les terminaisons proposées. Essayez de compléter les tableaux suivants.

	parler			
je/j'		dîne		
tu			habites	
il/elle/on				étudie
nous	parlons			
vous		dînez		
ils/elles			habitent	

		s'habiller	se lever	
je	me couche			me promène
tu		t'habilles	te lèves	
il/elle/on	se couche			se promène
nous		nous habillons	nous levons	
vous	vous couchez			vous promenez
ils/elles		s'habillent	se lèvent	

音声を聞いてください．下の単語の中から適切なものを選び，空欄に記入しましょう．

Écoutez les textes et complétez-les avec les « Mots à choisir ».

Texte 1))10   **Culture japonaise**

Yannick et Marie habitent dans un joli appartement. Ils habitent à Rennes. Ils _____ la culture _____. Ils _____ des meubles japonais : des lampes, une armoire, une table basse. Ils _____ dans un futon. Ils s'intéressent aux _____ de Ryu Murakami et aux _____ de Takeshi Kitano.

Ils ont un fils. Il s'appelle Valentin. Il _____ dix-sept ans. Il _____ des mangas : *Dragon Ball*, *Lamu** et *Juliette, je t'aime***. Il _____ les films japonais. Hier, il a vu *La Princesse Mononoke*.

Valentin et ses parents _____ le poisson cru, les yakitoris et les sushis. Mais ils ne _____ pas souvent dans les restaurants _____ parce qu'ils sont chers !

Leur rêve, c'est de visiter Kyoto !

*Lamu：『うる星やつら』   **Juliette, je t'aime：『めぞん一刻』

┌─ **Mots à choisir** ──────────────────────────────────────┐
│ romans   lit   japonais   dorment   aiment   japonaise │
│ ont   dînent   adore   films   a   adorent   │
└──┘

内容理解 *Questions*

1）テクストの内容と合っていれば《vrai》，違っていれば《faux》に印をつけましょう．

Vrai ou faux ?

	vrai	faux
1) Yannick est le fils de Valentin.	☐	☐
2) Les restaurants japonais en France sont chers.	☐	☐
3) Valentin et ses parents n'habitent pas à Paris.	☐	☐
4) Valentin, Marie et Yannick n'aiment pas le sashimi.	☐	☐

2）a, b, c のうち，テクストの内容と合っているものをひとつ選びましょう．

Choisissez la bonne réponse.

1	Marie et Yannick	a- détestent la culture japonaise.
		b- aiment beaucoup la culture japonaise.
		c- ne connaissent pas la culture japonaise.
2	Valentin, Marie et Yannick habitent	a- dans un petit appartement.
		b- dans un appartement moche.
		c- dans un bel appartement.
3	Valentin, Marie et Yannick	a- n'ont jamais mangé de cuisine japonaise.
		b- ne sont jamais allés à Kyoto.
		c- n'ont jamais vu de films japonais.
4	Valentin est	a- collégien.
		b- écolier.
		c- lycéen.

Texte 2 🔊11   Des Japonaises à Paris

Naoko _____ le français à Paris. Du lundi au vendredi, elle _____ à 8 heures. Elle va à l'école le matin. L'_____, elle se promène, elle va au cinéma ou elle _____. Le week-end, elle voyage ou elle _____ des amis.

Aujourd'hui, c'est samedi. Naoko est chez _____. Ce soir, des amis français dînent chez elle. Elle _____ la cuisine avec Mayumi. C'est _____ amie de son école : elles _____ des onigiris et du sashimi. Pour le _____, elles voudraient _____ du saké. Mais il n'y a pas de saké chez Naoko. Elles vont _____ dans un supermarché pour acheter une bouteille.

Mots à choisir					
elle	une	aller	étudie	boire	préparent
fait	rencontre	après-midi	dîner	se repose	se lève

内容理解 *Questions*

1) テクストの内容と合っていれば《vrai》, 違っていれば《faux》に印をつけましょう.

Vrai ou faux ?

	vrai	faux
1) Naoko va souvent au cinéma le matin.	☐	☐
2) Naoko ne va pas à l'école l'après-midi.	☐	☐
3) Il y a du saké chez Naoko.	☐	☐
4) Mayumi est la sœur de Naoko.	☐	☐
5) Mayumi et Naoko sont chez Mayumi.	☐	☐

2) a, b, c のうち, テクストの内容と合っているものをひとつ選びましょう.

Choisissez la bonne réponse.

1	Naoko étudie	a- toute la journée.
		b- le matin.
		c- l'après-midi.
2	Naoko voyage	a- pendant les vacances.
		b- les fins de semaine.
		c- du lundi au vendredi.
3	Ce soir, elles vont boire	a- de l'eau.
		b- de l'alcool français.
		c- de l'alcool japonais.
4	Naoko étudie	a- le dimanche.
		b- le samedi.
		c- la semaine.

Grammaire

Matin 朝

se lever 起きる

je me lève	nous nous levons	à huit heures
tu te lèves	vous vous levez	tôt
il/elle/on se lève	ils/elles se lèvent	

代名動詞：人称代名詞の再帰形（me, te, se…）をともなう動詞.

prendre 取る，（シャワーを)浴びる，など

je prends	nous prenons	le petit-déjeuner
tu prends	vous prenez	une douche
il/elle/on prend	ils/elles prennent	le train

apprendre, comprendre などの動詞も同じように語尾が変化する.

aller 行く

je vais	nous allons	à l'école
tu vas	vous allez	à l'université
il/elle/on va	ils/elles vont	au bureau

Midi 昼／déjeuner 昼食

manger 食べる

je mange	nous mangeons	un sandwich
tu manges	vous mangez	un croque-monsieur
il/elle/on mange	ils/elles mangent	une pizza

語尾が -er の第一群規則動詞と比べて，nous mangeons の e が付く点だけが異なっている.

boire 飲む

je bois	nous buvons	du jus d'orange
tu bois	vous buvez	de l'eau
il/elle/on boit	ils/elles boivent	du café

Après-midi 午後

travailler 働く

je travaille	nous travaillons
tu travailles	vous travaillez
il/elle/on travaille	ils/elles travaillent

語尾が -er の第一群規則動詞. parler, étudier など，この型の語尾変化をする動詞が動詞全体で最も多い.

se promener 散歩する

je me promène	nous nous promenons	aux Champs-Élysées
tu te promènes	vous vous promenez	à la campagne
il/elle/on se promène	ils/elles se promènent	

acheter 買う

j'achète	nous achetons	des légumes
tu achètes	vous achetez	de la viande
il/elle/on achète	ils/elles achètent	un croissant

アクセント記号を除けば，第一群規則動詞と同じ語尾変化.

Soir 夕刻

faire 〜する

je fais	nous faisons	la cuisine
tu fais	vous faites	la vaisselle
il/elle/on fait	ils/elles font	la lessive

nous faisons の発音に注意.

dormir 眠る

je dors	nous dormons
tu dors	vous dormez
il/elle/on dort	ils/elles dorment

dormir の語尾は -ir であるが，finir, choisir などの第二群規則動詞とは語尾変化が異なっている.

Vocabulaire

住居 🔊12

| maison（♀）家 |
| immeuble（♂）集合住宅 |
| appartement（♂）マンション |
| studio（♂）ステュディオ |
| séjour（♂）居間 |
| chambre（♀）寝室 |
| cuisine（♀）台所 |
| bureau（♂）書斎 |
| toilettes（♀xxx）トイレ |
| couloir（♂）廊下 |

家具 🔊13

| lampe（♀）照明 |
| armoire（♀）押入れ |
| table（♀）テーブル |
| chaise（♀）椅子 |
| lit（♂）ベッド |
| fauteuil（♂）肘掛け椅子 |
| frigo（♂）冷蔵庫 |
| micro-ondes（♂）電子レンジ |
| aspirateur（♂）掃除機 |

時の表現 🔊14

| matin（♂）朝 |
| midi（♂）正午 |
| après-midi（♀♂）午後 |
| soir（♂）夕方 |
| nuit（♀）夜 |
| minuit（♂）午前零時 |
| week-end（♂）週末 |
| jour（♂）日 |
| semaine（♀）週 |
| mois（♂）月 |

曜日 🔊15

| lundi（♂）月曜日 |
| mardi（♂）火曜日 |
| mercredi（♂）水曜日 |
| jeudi（♂）木曜日 |
| vendredi（♂）金曜日 |
| samedi（♂）土曜日 |
| dimanche（♂）日曜日 |

※ ♂：男性名詞　♀：女性名詞　xxx：複数形

フランスにおける日本文化

　数十年来，日本文化はフランス人の日常に浸透しています．フランスの子供たちはとりわけ日本のアニメに熱中しています．『UFO ロボ　グレンダイザー』（フランスでは *Goldorak*），『キャンディ・キャンディ』（*Candy*），『宇宙海賊キャプテンハーロック』（*Capitaine Albator*）などは，1970 年代からフランスのテレビで放映されています．

　日本文化のほかの分野については，個人的に強い関心を持たない限り，誰でも手が届くというわけではありません．そういった文化もフランスにおいて昔から知られ，価値を認められていますが，規模としては必ずしも大きくないのです．例えば，映画や文学，料理，モードなどのことです．

　テレビ放送される「大衆」文化と，もう一方の「エリート的」文化という二極の間に，1990 年代以降，第三の道が切り拓かれ，服装やインテリアをはじめ日本的スタイルを取り入れる人が増えてきています．こうして日本文化への真の関心が高まっています．

　また，航空運賃が安価になったため，日本へ観光に行くフランス人は増えてきています．東京や大阪といった大都市や京都の寺院を訪れる昔ながらの観光をする旅行者たちがいる一方，漫画やアニメのファンたちは，関連する場所や美術館を巡るための「漫画ツアー」に参加することもあります．

Culture japonaise en France

La culture japonaise est présente dans le quotidien des Français depuis longtemps, par exemple à travers des dessins animés cultes pour plusieurs générations d'enfants. Citons par exemple *Goldorak*, *Candy* ou bien *Capitaine Albator*, diffusés à la télévision française à partir des années 1970.

D'autres domaines de la culture japonaise sont également connus (et reconnus) depuis longtemps en France, mais dans des proportions moins importantes. C'est le cas du cinéma, de la littérature, de la cuisine ou de la mode.

Entre la culture télévisuelle « de masse » et une autre plus « sélective », la diffusion de la culture japonaise en France emprunte une troisième voie depuis les années 1990 pour se manifester dans des sphères plus intermédiaires, tels les vêtements et les meubles. On a vu ainsi se développer récemment un véritable intérêt populaire pour les produits et la culture japonais.

Enfin, les prix des billets d'avion se démocratisant, les Français sont de plus en plus nombreux à faire des voyages touristiques au Japon. Il y a bien entendu les circuits « classiques » (les grandes villes comme Tokyo ou Osaka, Kyoto et ses temples), et d'autres plus thématiques : il existe, par exemple, des « circuits mangas » qui emmènent ces férus de BD et autres animations japonaises dans les quartiers et les musées qui sont en relation avec cet art.

Exercices

1) （　）内の動詞を現在形に活用しましょう.

Conjuguez au présent les verbes proposés entre parenthèses.

1. Nous (être) ＿＿＿＿＿＿＿ fonctionnaires.

2. Vous (avoir) ＿＿＿＿＿＿＿ des enfants ?

3. Elle (parler) ＿＿＿＿＿＿＿ bien chinois.

4. Mon cours (finir) ＿＿＿＿＿＿＿ à trois heures.

5. Nous (manger) ＿＿＿＿＿＿＿ dans un restaurant.

6. Anne et Pierre (prendre) ＿＿＿＿＿＿＿ du thé.

7. Tu (acheter) ＿＿＿＿＿＿＿ des fraises ?

8. Vous (boire) ＿＿＿＿＿＿＿ du vin ?

9. Les étudiants (faire) ＿＿＿＿＿＿＿ du sport.

10. Je (lire) ＿＿＿＿＿＿＿ *Le Monde* tous les jours.

2) 適切な動詞を選び，活用して（　）内に記入しましょう.

Complétez ces phrases avec les verbes suivants :

lire	se lever	dormir	faire	adorer	étudier	habiter	se promener

1. Olivier et Bonny (　　　　　　　) dans un grand appartement.

2. Tu (　　　　　　) quatre heures par nuit seulement ! C'est peu !

3. Jean ne (　　　　　) pas de mangas. Il préfère les romans.

4. Mes cousins sont allés quinze fois en Corée. Ils (　　　　　) ce pays.

5. Pour aller au travail, Georges (　　　　　 / 　　　　　) à 6 h 00 du matin : c'est tôt !

6. Mélanie ne (　　　　　) pas de sport : elle déteste ça !

7. Philippe et Carine (　　　　　 / 　　　　　) tous les dimanches à la campagne : c'est bon pour la santé !

8. En général, les enfants n'aiment pas (　　　　　) : ils préfèrent jouer.

3) 音声を聞いて空欄に記入しましょう. 🔊16

Écoutez et complétez les phrases suivantes.

1. Nous _____ espagnol.
2. Pierre et Julien _____ à la mer.
3. Ayako _____ le français à Toulouse.
4. Je _____ au restaurant.
5. Izumi et Ryoko _____ la musique à Paris.
6. Nous _____ Nicolas et Sébastien.
7. Les filles _____ dans Paris.
8. Florent _____ 30 ans aujourd'hui.
9. Aline _____ la cuisine mexicaine.
10. Vous _____ dans une grande maison.
11. Nous _____ en Corée.
12. Ils ne _____ pas français.
13. Élodie _____ à la littérature.
14. Les Français _____ des escargots.
15. Les étudiants ne _____ pas toujours les devoirs…

4) 適切な動詞を選び, 活用して空欄に記入しましょう.

Complétez ces phrases avec les verbes de la colonne de droite.

Mieko _____ japonaise. Elle _____ en France. Elle _____ le français à Nantes. Tous les jours, elle _____ à huit heures. Elle _____ et elle _____ à l'école. Elle _____ bien ses professeurs. Ils _____ Martin et Samuel. À midi, elle _____ avec ses amis. Ils _____ à la cafétéria de l'école.	aimer se lever étudier manger être	habiter déjeuner aller s'appeler s'habiller

Après les cours, elle _____ souvent au café avec ses amis, ou elle _____ des magazines : *Elle*, *Marie Claire*… Elle _____ beaucoup à la mode. Le soir, elle _____ ses devoirs, elle _____ ses cours du lendemain et elle _____ tôt. Le week-end, c'est tranquille ! Elle _____ dans la ville. Elle _____ parfois au restaurant. Elle _____ la télévision mais elle _____ le cinéma. Elle va souvent au cinéma qui est à côté de chez elle. Le week-end prochain, elle _____ à Bordeaux.	se coucher parler détester dîner se promener s'intéresser	adorer faire préparer lire voyager

Civi-Langue
Leçon 3

grammaire
冠詞（不定冠詞／部分冠詞／定冠詞）
指示形容詞

civilisation
再構成家族 Familles recomposées

Introduction

A）《du》，《de la》，《de l'》を用いる規則に注目しましょう．右の欄にある単語を用いて空
欄をうめてください．

Essayez de compléter le tableau en utilisant les mots de la colonne de droite.

Il mange	du	gâteau.	ananas
	du		
	de la	tarte.	quiche
	de la		
	de l'	avocat.	asperge
	de l'		
	de l'	orange.	fromage
	de l'		

B）空欄に記入しましょう．

Essayez de compléter les phrases suivantes.

Il mange	du	gâteau.	Il mange		tarte.

Il mange		gâteau.	Il mange	une	tarte.

Il mange	le	gâteau.	Il mange		tarte.

音声を聞いてください．下の単語の中から適切なものを選び，空欄に記入しましょう．

Écoutez les textes et complétez-les avec les « Mots à choisir ».

Texte 1 🔊17   **Vivre à Paris**

Cloé habite à Paris avec ses parents. Ils habitent dans _____ joli appartement à côté de _____ tour Eiffel. Ils adorent Paris. Dans _____ ville, il y a des musées, des restaurants, des parcs…

Le _____, elle écoute de la _____. Elle se promène avec ses amis. Ils vont à la _____ ou dans _____ parcs. Elle visite les musées : elle aime beaucoup _____ Louvre ; mais, elle préfère le musée d'Orsay. Souvent, elle va au café avec son amie Véro. Elle ne boit pas _____ café, mais elle boit _____ thé.

Ce soir, elles vont au restaurant à _____ avec des copains de l'université. Ils vont manger de la cuisine espagnole : au menu, il y a _____ paella, de l'omelette, du fromage et de la sangria !

```
┌─ Mots à choisir ──────────────────────────────────────────┐
│   de        week-end      un      Bastille     musique    le  │
│   cette     de la         les     la           Seine      du  │
└───────────────────────────────────────────────────────────┘
```

内容理解 *Questions*

1) テクストの内容と合っていれば《vrai》，違っていれば《faux》に印をつけましょう.

Vrai ou faux ?

		vrai	faux
1)	Cloé habite dans un joli appartement à Lyon.	☐	☐
2)	Cloé habite seule.	☐	☐
3)	Cloé préfère le Louvre au musée d'Orsay.	☐	☐
4)	Ce soir, Cloé va au cinéma dans le quartier Bastille.	☐	☐
5)	Cloé n'a pas de projet pour aujourd'hui.	☐	☐

2) a, b, c のうち，テクストの内容と合っているものをひとつ選びましょう.

Choisissez la bonne réponse.

1	Le musée d'Orsay	a- est à côté du musée du Louvre.
		b- est le musée préféré de Cloé.
		c- est fermé la fin de la semaine.
2	Ce soir, Cloé va	a- au restaurant de l'université.
		b- au café avec des copains de l'université.
		c- au restaurant dans le quartier Bastille.
3	Cloé	a- déteste Paris.
		b- n'habite pas seule.
		c- ne va jamais au musée.
4	Cloé habite	a- seule.
		b- avec son père et sa mère.
		c- avec sa grand-mère.

Texte 2 🔊 18   **Familles recomposées**

La famille de Victor est _____ famille recomposée. _____ parents sont divorcés. Il habite chez sa maman. Un week-end _____ deux, il va chez _____ papa.

Son père vient de déménager. Il habite avec Sylvie, sa _____ fiancée. Sylvie aussi est divorcée. Elle a une fille ; elle s'appelle Marianne.

La maman de Victor a aussi un _____ fiancé. C'est Gérard. Il n'est pas _____, mais il est _____. Il a aussi une fille ; elle s'appelle Ameline.

Victor a deux _____, deux papas, deux mamans, deux demi-sœurs, quatre grands-mères et quatre grands-pères. Sa famille est très _____ ! Tout le monde s'entend bien : il n'y a pas de _____. Il reçoit beaucoup de cadeaux !

Ce week-end, Victor va chez son père. Marianne va faire des crêpes. Victor adore ça, avec du chocolat ou de la _____ !

┌─ **Mots à choisir** ───┐

grande	confiture	nouveau	Ses	sur	séparé
une	divorcé	problème	nouvelle	son	maisons

└──┘

内容理解 *Questions*

1) テクストの内容と合っていれば《vrai》，違っていれば《faux》に印をつけましょう．

Vrai ou faux ?

                                             vrai   faux

1) Tous les week-ends, Victor est chez son père.   ☐   ☐
2) Marianne est la fille de Gérard.   ☐   ☐
3) Ameline n'est pas la fille de Sylvie.   ☐   ☐
4) Samedi prochain, Victor est chez son père.   ☐   ☐

2) a, b, c のうち，テクストの内容と合っているものをひとつ選びましょう．

Choisissez la bonne réponse.

1	Le fiancé de la maman de Victor est	a- marié.
		b- divorcé.
		c- séparé.
2	Le père de Victor	a- va déménager.
		b- est en train de déménager.
		c- a déménagé.
3	Victor est chez son père	a- un week-end par mois.
		b- deux week-ends par mois.
		c- deux week-ends par semaine.
4	Le père de Victor habite avec	a- Marianne et Ameline.
		b- Ameline et Gérard.
		c- Marianne et Sylvie.
5	Dans la famille de Victor,	a- on ne mange jamais de crêpes.
		b- on ne fait pas de cadeaux.
		c- il y a beaucoup de personnes.

1）**不定冠詞**

単数男性	単数女性	複数
un	une	des

2）**部分冠詞**

男性	女性
du (de l')	de la (de l')

— Tu bois du vin ?
— Non, je bois de la bière.

飲み物：　du café, du thé, du lait, de l'eau, du jus d'orange.

食材：　du poisson, de la viande, du beurre, de la farine, de l'huile, du pain.

その他の使い方

Philippe aime écouter de la musique et faire du sport.

Vous avez de l'argent ?

Aujourd'hui, il y a du vent et du soleil.

3）**定冠詞**

単数男性	単数女性	複数
le (l')	la (l')	les

C'est le père de Victor.

Les touristes visitent la tour Eiffel et le Louvre.

＊不定冠詞／部分冠詞／定冠詞の使い分け

Elle mange un gâteau. たくさんあるケーキのうちひとつなので un gâteau	Elle mange des gâteaux. たくさんあるケーキのうちいくつかなので des gâteaux	Elle mange du gâteau. ケーキ全体のうちの部分なので du gâteau
Elle mange le gâteau. ひとつだけのケーキ丸ごとなので le gâteau	Elle mange les gâteaux. いくつかあるケーキ全部なので les gâteaux	

4）否定の de

J'ai une voiture. → Je n'ai pas de voiture.

Ils ont des enfants. → Ils n'ont pas d'enfants.

Je prends du vin. → Je ne prends pas de vin.

J'aime le vin. → Je n'aime pas le vin.（否定文中でも定冠詞は否定の de にならない）

5）指示形容詞

単数男性	単数女性	複数
ce (cet)	cette	ces

ce は母音または無音の h で始まる名詞の前で cet となり，リエゾンする.

ce soir　cette nuit　ces jours

cet étudiant　cette étudiante　ces étudiants　ces étudiantes

Vocabulaire

パリの記念建造物 🔊19

la tour Eiffel　エッフェル塔

la Seine　セーヌ川

le Sacré-Cœur　サクレ・クール教会

le jardin du Luxembourg　リュクサンブール公園

le Louvre　ルーヴル美術館

le musée d'Orsay　オルセー美術館

l'Opéra Garnier　オペラ・ガルニエ

les Invalides　廃兵院

le Panthéon　パンテオン

la tour Montparnasse　モンパルナスタワー

趣味・娯楽 🔊20

musée（♂）美術館

cinéma（♂）映画館

théâtre（♂）劇場

opéra（♂）オペラ

galerie（♀）画廊

restaurant（♂）レストラン

café（♂）喫茶店

château（♂）城

piscine（♀）プール

discothèque（♀）ディスコ

boîte de nuit（♀）ナイトクラブ

concert（♂）コンサート

exposition（♀）展示会

都市と田舎 🔊21

ville（♀）街

arrondissement（♂）区

quartier（♂）地区

village（♂）村

campagne（♀）田舎

région（♀）地方

ferme（♀）農場

forêt（♀）森

montagne（♀）山

mer（♀）海

plage（♀）海岸

vallée（♀）谷

※ ♂：男性名詞　♀：女性名詞

再構成家族

　再構成家族 famille recomposée という表現は，前の結婚や同棲などで生まれた子供を連れている親が，新たな結びつきにより作る家庭のことを指します.

　フランスで 710,000 世帯は再構成家族であり，全体の 10% を占めています. 再構成家族のうち 88% には，複数のカップルから生まれた子供たちがいます. 200 万人近くの子供たちが再構成家族に属していて，その過半数は親の違う兄弟や姉妹を持っています.

　社会の変容とともに言語も変わってゆくものです. 「半-兄弟 demi-frère」「半-姉妹 demi-sœur」といった言葉は日常的に使われるようになりましたが，不可欠なはずのほかの言葉はまだあまり使われていません. いくつか例を挙げると…

　「義理の親 beau-parent」という単数形の用法. これは，血縁関係のない子供と暮らす親のことです. 「義理の子供 bel-enfant／beaux-enfants」という言葉も自然と派生してきました. また「コパランタリテ coparentalité」は，義理の親という地位やその責任を指します.

　「ほとんど兄弟 quasi-frère」「ほとんど姉妹 quasi-sœur」は，「半-兄弟 demi-frère」「半-姉妹 demi-sœur」とは違います. 「半-兄弟」は片方の親が共通で，血縁関係のある兄弟であるのに対し，「ほとんど兄弟」の場合は血のつながりはありません.

　家族関係を含め，社会の新たな局面はフランス語の語彙の変化をもたらし続けます.

Familles recomposées

L'expression « famille recomposée » désigne des familles dont les parents ont eu des enfants lors d'un précédent mariage, concubinage ou autre union. Les 710 000 familles recomposées en France représentent 10 % du nombre total de familles. 88 % des familles recomposées hébergent des enfants de plusieurs unions. Près de 2 millions d'enfants vivent dans une famille recomposée ; plus de la moitié d'entre eux ont des demi-frères ou des demi-sœurs.

L'évolution de la langue doit s'adapter à celle de la société : les mots comme « demi-frère » et « demi-sœur » sont bien entrés dans l'usage, mais d'autres — pourtant incontournables — ne sont encore que peu naturellement employés. Quelques exemples :

— « beau-parent » (= celui ou celle qui vit avec le père ou la mère d'un enfant) ; et bien entendu, « bel-enfant » / « beaux-enfants ».

— « coparentalité », justement, désigne la responsabilité ou le statut d'un beau-parent.

— « quasi-frère » (« quasi-sœur ») désigne un frère (ou une sœur) apporté(e) par la coparentalité d'un beau-parent.

Les situations et les relations ne cessent de se modifier et le vocabulaire doit corollairement s'adapter à l'évolution de la société.

Exercices

1) (a), (b), (c) のうち適切なものを選びましょう.

Choisissez la bonne réponse.

1. Il mange (　　) croissant.   (a) un (b) une (c) des
2. Nous allons visiter (　　) Louvre. (a) un (b) le   (c) la
3. Je prends (　　) café tous les matins. (a) du (b) de la (c) la
4. Il écoute (　　) musique.   (a) des (b) de la (c) du
5. Vous connaissez (　　) étudiant ? (a) ce (b) cette (c) cet
6. Vous prenez (　　) légumes ?   (a) un (b) des (c) du
7. Claude prend (　　) eau minérale. (a) du (b) de la (c) de l'
8. Tu aimes (　　) cinéma ?   (a) le (b) du (c) un

2) 下線部をうめてください.

Complétez les phrases.

1. Vous prenez du thé ?   — Oui, _____.

             — Non, _____.

2. Philippe aime le sport ?   — Oui, _____.

             — Non, _____.

3. Philippe fait du sport ?   — Oui, _____.

             — Non, _____.

4. Il y a de la bière dans le frigo ? — Oui, _____.

             — Non, _____.

3) 音声を聞いて空欄に記入しましょう. 🔊22

Écoutez et complétez les phrases suivantes.

1. Hiroshi aime _____ musées. Il habite à Tokyo. À Tokyo, il y a _____ musées. Près de chez Hiroshi, il y a _____ musée. C'est _____ musée d'art moderne.

2. Au supermarché, il y a _____ glaces. Asako adore _____ glaces au chocolat et à la fraise. Aujourd'hui, elle achète _____ glaces au chocolat. Pour le dessert, elle va manger _____ glace.

3. Je mange _____ pain tous les jours. Je bois _____ vin de temps en temps. J'aime _____ pain et _____ vin français.

4. Je bois _____ eau minérale tous les jours. _____ eau minérale est bonne pour la santé. J'achète _____ bouteilles au supermarché. Je n'aime pas _____ grandes bouteilles, alors j'achète _____ petites bouteilles.

4）文章と絵を結びつけましょう.

Associez chaque phrase à une image.

1.

		A	B
1- Il mange des oranges.	A B C D		
2- Il mange de l'orange.	A B C D		
3- Il mange l'orange.	A B C D	C	D
4- Il mange une orange.	A B C D		

2.

		A	B
1- Il mange une tarte.	A B C D		
2- Il mange la tarte.	A B C D		
3- Il mange les tartes.	A B C D	C	D
4- Il mange de la tarte.	A B C D		

3.

		A	B
1- Elle mange l'ananas.	A B C D		
2- Elle mange un ananas.	A B C D		
3- Elle mange les ananas.	A B C D	C	D
4- Elle mange des ananas.	A B C D		

grammaire
前置詞（à/en/dans）＋場所（国名，都市名など）
前置詞 à と定冠詞の結合形 à+le=au／à+les=aux

civilisation
バカンス **Vacances**

Introduction

《à la》，《au》，《en》を用いる規則に注目しましょう．右の欄にある単語と，《à la》，《au》，《en》のいずれかを用いて空欄をうめてください．

Essayez de trouver une règle à partir des exemples suivants. Complétez ensuite les cases vides en utilisant les mots de la colonne de droite.

Il	va	à	la	campagne.	
		à	la	piscine.	
		à	la	bibliothèque.	
					Espagne
Nous	sommes	au		restaurant.	
		au		cinéma.	
		au		garage.	poste
Vous	voyagez	en		France.	Sénégal
		en		Italie.	
		en		Grèce.	
					parc
Elles	habitent	au		Japon.	
		au		Vietnam.	
		au		Laos.	

音声を聞いてください．下の単語の中から適切なものを選び，空欄に記入しましょう．

Écoutez les textes et complétez-les avec les « Mots à choisir ».

Texte 1 🔊23   ## Les Français en vacances

Les Français aiment les _____. Ils _____ beaucoup à l'étranger, surtout en Europe (en Espagne, au Royaume-Uni, _____ Pays-bas).

Quand ils _____ un voyage en _____ de l'Europe, les Français vont _____ les pays d'Afrique (_____ Mali, en Algérie), aux États-Unis, en Asie (au Vietnam, aux Philippines, en Thaïlande), à Cuba.

Mais, c'est en France qu'ils préfèrent _____ ! Ils vont à la _____ et à la montagne. Ils _____ surtout _____ à la mer : à _____ océan Atlantique, à la mer Méditerranée.

Depuis 2001, beaucoup de parisiens vont à « Paris plage »* pendant les vacances d'été !

* Paris plage とは，夏の4〜5週間パリに作られる人工的な浜辺のことです．それは，バカンスへ行けない人々でも浜辺の気分を味わえるよう，2002年から始まりました．

┌─ **Mots à choisir** ───┐
| voyager | l' | campagne | dehors | aiment | vacances |
| voyagent | au | aller | aux | dans | font |
└──┘

内容理解 *Questions*

1) テクストの内容と合っていれば《vrai》，違っていれば《faux》に印をつけましょう．

Vrai ou faux ?

	vrai	faux
1) Les Français n'aiment pas les vacances.	☐	☐
2) Les Français voyagent peu à l'étranger.	☐	☐
3) Les Français n'aiment pas voyager en France.	☐	☐
4) Les Français préfèrent la mer à la montagne.	☐	☐

2) a, b, c のうち，テクストの内容と合っているものをひとつ選びましょう．

Choisissez la bonne réponse.

1	Quand ils vont à l'étranger, les Français vont surtout	a- en Afrique.
		b- en Asie.
		c- en Europe.
2	Quel pays n'est pas en Europe ?	a- l'Espagne.
		b- les Pays-Bas.
		c- le Mali.
3	Quel pays est en Afrique ?	a- l'Algérie.
		b- le Vietnam.
		c- le Royaume-Uni.
4	« Paris plage », c'est	a- au printemps.
		b- en été.
		c- en hiver.

Texte 2 🔊 24   ## La vie de Maxime

Bonjour, je m'appelle Maxime. J'ai quatre ans. J'_____ à Saint-Thalus : c'est une petite ville à _____ de Paris. Mon frère Louis va au _____. Maman et papa _____ à l'aéroport de Roissy-Charles-de-Gaulle.

Tous les jours (sauf le week-end, bien sûr !), je _____ à l'école à vélo. Le soir, après l'école, nous _____ souvent à la _____ avec maman. Parfois, avec papa, on _____ au cinéma le samedi après-midi. Le samedi matin, mon frère va à la piscine à vélo. Moi, je vais _____ des courses au supermarché en voiture _____ maman. Papa, lui, va chez des _____ à moto. Le dimanche, on va à Paris en RER ou _____ tonton en voiture. Parfois, on se promène à pied dans le quartier. Si on est fatigués, on reste à la maison et on _____ une vidéo.

┌─ **Mots à choisir** ─────────────────────────────────┐
va	amis	chez	faire	regarde	collège
habite	vais	boulangerie	avec	travaillent	
côté	allons				
└──┘

内容理解 *Questions*

1) テクストの内容と合っていれば《vrai》，違っていれば《faux》に印をつけましょう．
Vrai ou faux ?

	vrai	faux
1) Maxime est fils unique.	☐	☐
2) Chaque samedi après-midi, Maxime et Louis vont au cinéma avec leur père.	☐	☐
3) Maxime est lycéen.	☐	☐
4) La maman de Maxime conduit.	☐	☐
5) Tous les samedis matins, Louis va à la piscine.	☐	☐

2) a, b, c のうち，テクストの内容と合っているものをひとつ選びましょう．
Choisissez la bonne réponse.

1	Le frère de Maxime est	a- lycéen.
		b- collégien.
		c- écolier.
2	Maxime va	a- à l'école le week-end.
		b- à l'école, à vélo, surtout le week-end.
		c- à l'école, à bicyclette, la semaine.
3	Les parents de Maxime et de Louis	a- ne travaillent pas ensemble.
		b- travaillent au même endroit.
		c- travaillent près de l'aéroport de Roissy-Charles-de-Gaulle.
4	Maxime et sa mère vont souvent à la boulangerie	a- vers 17 h 30.
		b- à midi.
		c- le matin.

Grammaire

1）「…へ行く」都市の場合

Je vais	à	都市名（無冠詞） Paris. Lyon. Tokyo.

2）前置詞 à と定冠詞の結合形

à + le	→	au	au cinéma (à̶ ̶le̶ cinéma)
à + la		不変	à la piscine
à + l'		不変	à l'aéroport
à + les	→	aux	aux Champs-Élysées (à̶ ̶le̶s̶ Champs-Élysées)

Louis va au collège.

Les Français aiment aller à la campagne et à la montagne.

Mes parents travaillent à l'aéroport de Roissy-Charles-de-Gaulle.

Le dimanche, on se promène aux Champs-Élysées.

3）「…へ行く」国の場合

Je vais	au	男性単数の国名 Japon. Canada. Maroc. Vietnam.
	en	女性単数の国名 France. Algérie. Italie. Allemagne.
	aux	複数（男・女とも）の国名 États-Unis. Pays-Bas. Philippines.

* この原則に従わない国名があります

(à Cuba, à Madagascar, à Hong Kong, etc.)

国ではなく地域を話題にするとき

Les Français aiment voyager en Europe.

Avignon se trouve en Provence.

4）交通手段

Marc va à son bureau	en	voiture. autobus. train.
	à	pied. vélo. moto.

Cet après-midi, on va à Versailles en RER.

À la campagne, on se déplace encore à cheval.

Vocabulaire

国 25

France （♀） フランス
Japon （♂） 日本
Angleterre （♀） イギリス
Allemagne （♀） ドイツ
Espagne （♀） スペイン
Italie （♀） イタリア
Pays-Bas （♂xxx) オランダ
Corée （♀） 朝鮮
Thaïlande （♀） タイ
Suisse （♀） スイス
Canada （♂） カナダ
Chine （♀） 中国
Brésil （♂） ブラジル

場所 26

marché （♂） 市場
poste （♀） 郵便局
parc （♂） 公園
boulangerie （♀） パン屋
gare （♀） (鉄道の)駅
station （♀） (地下鉄の)駅
école （♀） 学校
supermarché （♂） スーパーマーケット
église （♀） 教会
banque （♀） 銀行
bibliothèque （♀） 図書館
pâtisserie （♀） ケーキ店

都市 27

Paris　パリ
Marseille　マルセイユ
Berlin　ベルリン
Madrid　マドリッド
Milan　ミラノ
Londres　ロンドン

地域 28

Europe （♀） ヨーロッパ
Asie （♀） アジア
Afrique （♀） アフリカ
Bretagne （♀） ブルターニュ地方
Provence （♀） プロヴァンス地方
Côte d'Azur （♀） コート・ダジュール

交通手段 29

avion （♂） 飛行機
autobus （♂） バス
train （♂） 電車
métro （♂） 地下鉄
bateau （♂） 船

taxi （♂） タクシー
voiture （♀） 自動車
moto （♀） バイク
vélo （♂） 自転車
cheval （♂） 馬

※ ♂：男性名詞　♀：女性名詞　xxx：複数形

バカンス

「フランス人は休暇を取りすぎる」，あるいは，「彼らは怠け者である」と言われることがあります．しかしフランス人は，人間はある程度の質の生活を送る権利を持つと考えていて，そのためには休暇は不可欠なものとなります．仕事はするけれど休暇も取りたい，というわけです．

「仕事の時間 vs 休暇の時間」という問題は，1936 年に最初の有給休暇(一年あたり 12 日間)が実現して以来，議論の的となっています．有給休暇は増え続け，1956 年には三週間，1968 年には四週間，1981 年には五週間となりました．

「労働時間の短縮 RTT (= réduction du temps de travail)」は，1841 年に 8 歳から 12 歳の子供の一日あたりの労働時間を 8 時間までと制限したとき以来，社会の発展を象徴しています．近年では，RTT は 2002 年の法律に結びついています．それは，一週間あたりの労働時間を制限し，新たな雇用を促進してフランス経済の活性化を図るというもので，つまり，仕事を分担することにより失業を減らすという発想に基づいています．現在 RTT は，労働時間の短縮により得られた休息を指す言葉となっています．

現在，フランスにおける平均労働時間は，EU に加盟する 25 ヶ国のうち平均的なレベルで，週 37 時間となっています．

Vacances

On dit souvent que les Français ont trop de vacances, voire qu'ils sont… paresseux. Du point de vue français, on penserait plutôt que l'humain a le droit à une certaine qualité de vie, dans laquelle les vacances sont indispensables. Donc : travailler, oui ; mais avoir des vacances, aussi.

Le débat temps de travail/temps de vacances existe en France depuis l'avènement des premiers congés payés (douze jours) en 1936. Ils ont augmenté depuis : en 1956, ils passent à 3 semaines, à 4 semaines en 1968, et à 5 semaines en 1981.

« La réduction du temps de travail » représente une succession d'avancées sociales primordiales qui ont débuté en 1841, avec la limitation à 8 heures par jour du temps de travail pour les enfants âgés entre 8 et 12 ans. La réduction du temps de travail (RTT) fait maintenant principalement référence à la loi de 2002 qui vise à réduire la durée hebdomadaire de travail afin de créer des emplois et de relancer l'économie en France, pour lutter contre le chômage par le partage du travail. Actuellement, le mot RTT désigne communément les journées de repos gagnées grâce à la réduction du temps de travail.

Actuellement, la durée moyenne effective de travail en France est dans la moyenne de l'Union européenne, c'est-à-dire 37 heures par semaine.

Exercices

1) （a），（b），（c）のうち適切なものを選びましょう．
   Choisissez la bonne réponse.

   1. Le week-end, nous allons souvent (　　) restaurant.

      (a) à la　　　(b) en　　　(c) au

   2. Je ne suis jamais allé (　　) France.

      (a) en　　　(b) à la　　　(c) dans la

   3. Le temps est sec et chaud (　　) nord.

      (a) dans le　　(b) en　　　(c) à la

   4. Yoko va au lycée (　　) vélo.

      (a) avec　　　(b) à　　　(c) en

   5. De plus en plus de Japonais préfèrent voyager (　　) Asie.

      (a) en　　　(b) à l'　　　(c) au

   6. Les enfants aiment aller (　　) piscine.

      (a) au　　　(b) en　　　(c) à la

   7. Nous arrivons bientôt (　　) Bordeaux.

      (a) à　　　(b) au　　　(c) en

2) 下線部に適切な前置詞と冠詞を記入しましょう．
   Complétez les phrases avec la préposition qui convient.

   1. Où allez-vous cet été ?

      — Nous allons _____ / _____ montagne.

   2. Qu'est-ce que tu as fait hier ?

      — Je suis allé _____ cinéma.

   3. Comment tu vas à Paris ?

      — Je vais à Paris _____ train.

   4. Où habite Sophie ?

      — Elle habite _____ Normandie.

   5. Tu vas où demain ?

      — Je vais _____ tonton.

   6. John habite au Canada ?

      — Non, il habite _____ États-Unis.

   7. Tu fais quoi cet hiver ?

      — Je vais skier _____ / _____ Pyrénées avec ma femme.

   8. Aomori, c'est où ?

      — C'est _____ / _____ nord du Japon.

3) これから聞く３つの旅程のうち，地図上に示された旅程と合うものはどれでしょう． 🔊30

Regardez la carte de l'Europe. Écoutez les 3 itinéraires et choisissez celui qui correspond à celui du dessin.

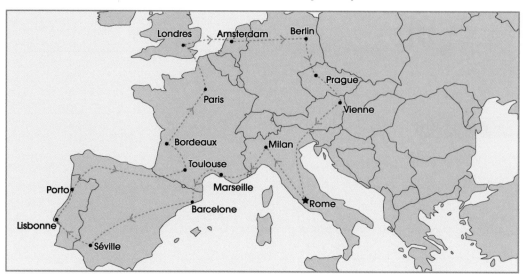

4)

a) 音声を聞いて，誰がどこへ，どんな交通手段で行くか，結びつけましょう． 🔊31

Écoutez et reliez les différents éléments pour dire qui va où et par quel moyen de transport.

Pierre	Maurice	Makiko	Carine et Philippe	Valérie	Mélanie	Valentin

aéroport	super-marché	Paris	boulan-gerie	école	Kyoto	piscine

avion	bus	voiture	train	moto	RER	vélo

b) a) の問題を基に，誰がどこへ，どんな交通手段で行くか，文章を書きましょう．

À partir de la question « a », écrivez une phrase pour chaque situation.

Exemple : *Patrick va / au cinéma / en scooter.*

1	
2	
3	
4	
5	
6	
7	

Civi-Langue
Leçon 5

grammaire
複合過去（avoir＋過去分詞／être＋過去分詞）
半過去

civilisation
マルブッフ **La malbouffe**

Introduction

A）次の表と文章を見てください.

Observez le schéma et les exemples suivants.

① Olivier était célibataire.
② Il habitait seul.

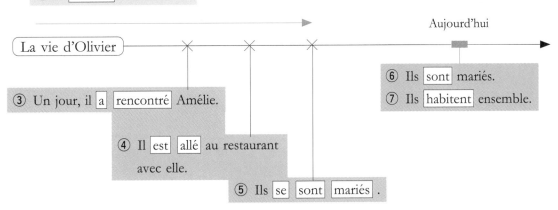

Aujourd'hui

La vie d'Olivier

⑥ Ils sont mariés.
⑦ Ils habitent ensemble.

③ Un jour, il a rencontré Amélie.

④ Il est allé au restaurant avec elle.

⑤ Ils se sont mariés .

B）次にオリヴィエが自分の人生を語ります. A の文章を基に空欄をうめてください.

Olivier raconte sa vie. Essayez de compléter les phrases suivantes.

① J' [   ] célibataire.
② J' [   ] seul.

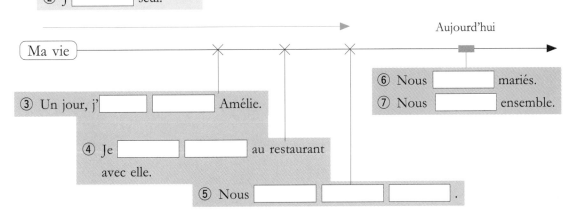

Aujourd'hui

Ma vie

⑥ Nous [   ] mariés.
⑦ Nous [   ] ensemble.

③ Un jour, j' [   ] [   ] Amélie.

④ Je [   ] [   ] au restaurant avec elle.

⑤ Nous [   ] [   ] [   ] .

Compréhension

音声を聞いてください．下の単語の中から適切なものを選び，空欄に記入しましょう．

Écoutez les textes et complétez-les avec les « Mots à choisir ».

Texte 1 🔊32　　　　　　**Hamburger et cuisine traditionnelle**

　　Louise a treize ans. Hier _____, pour le dîner, elle _____ manger un hamburger. Mais son grand-père n'_____ pas d'accord. Il ne voulait pas que sa petite-fille mange de la mauvaise _____. Alors, ils sont _____ dans un restaurant de cuisine traditionnelle : une salade en _____, un plat de poisson ou de viande, du fromage et une glace en dessert. Quand Louise _____ arrivée dans le restaurant, elle n'était pas _____…

　　Quand son grand-père était jeune, il n'y _____ pas de fast-food. Il habitait à la campagne. Ses parents _____ un potager. Tous les jours, il _____ les plats que sa maman cuisinait avec des légumes frais. Il ne comprend pas pourquoi les _____ mangent des hamburgers.

┌─ **Mots à choisir** ─────────────────────────────

mangeait	est	contente	soir	avaient	nourriture
était	allés	entrée	voulait	jeunes	avait

内容理解　*Questions*

1）テクストの内容と合っていれば《vrai》，違っていれば《faux》に印をつけましょう．

Vrai ou faux ?

	vrai	faux
1) Le grand-père de Louise n'aime pas les hamburgers.	☐	☐
2) Quand il était jeune, le grand-père de Louise habitait à Paris.	☐	☐
3) Quand il était jeune, le grand-père de Louise n'habitait pas en ville.	☐	☐
4) Quand il était jeune, le grand-père de Louise mangeait tous les jours au fast-food.	☐	☐

2）a, b, c のうち，テクストの内容と合っているものをひとつ選びましょう．

Choisissez la bonne réponse.

1	Louise	a- est heureuse de ne pas manger d'hamburger.
		b- est heureuse d'aller au restaurant.
		c- n'est pas heureuse de ne pas manger d'hamburger.
2	Hier soir,	a- Louise n'a pas mangé.
		b- Louise n'a pas dîné.
		c- Louise n'a pas eu d'hamburger.
3	Quand le grand-père de Louise était jeune,	a- il mangeait du potage.
		b- il mangeait des légumes du jardin.
		c- il allait au fast-food.
4	Le grand-père de Louise pense qu'un hamburger,	a- c'est bon pour la santé.
		b- ce n'est pas de la mauvaise nourriture.
		c- ce n'est pas un bon aliment.

Texte 2 🔊33   ## Les habitudes alimentaires

En 1960, _____ Français mangeait 1 kilo de gâteaux par _____. Aujourd'hui, il en _____ environ 14 kilos ! Les _____ alimentaires des Français _____ beaucoup changé. Avant, ils utilisaient des produits naturels. Ils consommaient _____ de sel. Ils n'allaient pas au fast-food. Ils ne mangeaient pas à toutes les heures…

Maintenant, les _____ adorent la mayonnaise, les glaces, les frites, les sodas, etc. Avec ces produits, ils _____ beaucoup. Cette mauvaise _____ provoque beaucoup de problèmes de _____.

Si les habitudes alimentaires ne _____ pas, beaucoup de Français vont _____ obèses.

┌─ **Mots à choisir** ───┐

peu	être	changent	grossissent	un	habitudes
santé	mange	alimentation	an	enfants	ont

└──┘

内容理解 *Questions*

1) テクストの内容と合っていれば《vrai》，違っていれば《faux》に印をつけましょう．

Vrai ou faux ?

		vrai	faux
1)	Actuellement, un Français consomme environ 14 kilos de gâteaux par an.	☐	☐
2)	Avant, les Français consommaient trop de sel.	☐	☐
3)	Avant, les Français ne mangeaient pas au fast-food.	☐	☐
4)	La façon de manger des Français n'a pas changé.	☐	☐
5)	Les enfants français détestent les frites.	☐	☐

2) a, b, c のうち，テクストの内容と合っているものをひとつ選びましょう．

Choisissez la bonne réponse.

1	Les Français mangent	a- 41 kilos de gâteaux par an.
		b- 14 grammes de gâteaux par an.
		c- 14 kilos de gâteaux par an.
2	Depuis 1960, les habitudes alimentaires des Français sont	a- identiques.
		b- moins bien.
		c- mieux.
3	Aujourd'hui, la façon de manger des Français est	a- mauvaise pour leur santé.
		b- bonne pour leur santé.
		c- ni bonne ni mauvaise.
4	Avant, les Français	a- mangeaient au fast-food.
		b- ne mangeaient pas beaucoup de sel.
		c- mangeaient à n'importe quelle heure.

Grammaire

1-a）複合過去〔助動詞 avoir の現在形 + 過去分詞〕

proposer　提案する

j'ai proposé	nous avons proposé
tu as proposé	vous avez proposé
il/on a proposé	ils ont proposé
elle a proposé	elles ont proposé

1-b）複合過去〔助動詞 être の現在形 + 過去分詞（過去分詞は主語と性数一致）〕

aller　行く

je suis allé(e)	nous sommes allé(e)s
tu es allé(e)	vous êtes allé(e)(s)
il/on est allé	ils sont allés
elle est allée	elles sont allées

＊助動詞 être をとる動詞
venir, arriver, partir, sortir, entrer, rentrer, rester, monter, descendre, tomber, naître, mourir, etc…

se réveiller　目覚める

je me suis réveillé(e)	nous nous sommes réveillé(e)s
tu t'es réveillé(e)	vous vous êtes réveillé(e)(s)
il/on s'est réveillé	ils se sont réveillés
elle s'est réveillée	elles se sont réveillées

2）過去分詞の作り方

-er	→	-é	aimer → aimé / proposer → proposé
-ir		-i	finir → fini / choisir → choisi / sortir → sorti
-oir		-u	voir → vu / vouloir → voulu / savoir → su / pouvoir → pu / devoir → dû

その他の過去分詞：être → été　avoir → eu　faire → fait　prendre → pris　mettre → mis
lire → lu　écrire → écrit　ouvrir → ouvert

3）半過去

現在形で nous に活用した場合の語幹		＋	語尾	aimer	faire
aimer :	nous aimons		-ais	j'aimais	je faisais
habiter :	nous habitons		-ais	tu aimais	tu faisais
vouloir :	nous voulons		-ait	il/elle/on aimait	il/elle/on faisait
consommer :	nous consommons		-ions	nous aimions	nous faisions
faire :	nous faisons		-iez	vous aimiez	vous faisiez
avoir :	nous avons		-aient	ils/elles aimaient	ils/elles faisaient

例外（語幹の形がこの原則に従わない）：être → j'étais

過去における継続や反復を表す
En 1960, un Français mangeait 1 kilo de gâteaux par an.
Quand il était jeune, il n'y avait pas de fast-food.

複合過去と半過去の使い分け
Quand je me promenais aux Champs-Élysées, j'ai rencontré François.
J'ai pris le bus parce qu'il pleuvait.

Vocabulaire

食べ物 🔊34

hors-d'œuvre（♂）前菜
entrée（♀）アントレ
plat（♂）料理のひと品
dessert（♂）デザート
poisson（♂）魚
viande（♀）肉
fromage（♂）チーズ
légume（♂）野菜
hamburger（♂）ハンバーガー
sandwich（♂）サンドイッチ
frite（♀）フライドポテト
mayonnaise（♀）マヨネーズ

デザート 🔊35

glace（♀）アイスクリーム
gâteau（♂）ケーキ
mousse au chocolat（♀）チョコレートムース
crème caramel（♀）カスタードプリン

食器 🔊36

couteau（♂）ナイフ
fourchette（♀）フォーク
cuillère（♀）スプーン
assiette（♀）皿
verre（♂）グラス
tasse（♀）カップ

※ ♂：男性名詞　♀：女性名詞

© Maiko Miyazaki

マルブッフ

　「ブッフ bouffe」は食べ物という意味の俗語的表現です．そして bouffer は食べるという意味です．つまり，「マルブッフ malbouffe」は「悪い食べ物」という意味になります．

　1980 年代はじめに造られたこの言葉は，人間のからだの要求に適合しない食べ物を指すものでした．それはさらに意味を豊かにし，栄養バランスが悪く，肥満を助長する食べ物を批判するために用いられるようになりました．とりわけファストフードのチェーン店はマルブッフを広める存在であるとして，環境保護や反グローバル化運動を推進する人たちにより糾弾されました．もちろんファストフードだけではなく，食べ物に関するさまざまな局面において，マルブッフを広めるようなあらゆる要因が非難の対象となったのです．それは，ここ 20〜30 年にわたって世界的に進行する消費社会全体への警鐘でもあります．

　マルブッフとの闘いにおいて象徴的な事件のひとつは——それは際限なきグローバル化への闘いでもあるのですが——1999 年夏に起きたマクドナルド店舗の破壊です．現在フランスにおいて環境保護と反グローバル化運動を先導するジョゼ・ボヴェは，この抗議行動の立役者でした．

La malbouffe

　La « bouffe » est un mot populaire pour dire « nourriture » (« bouffer » en argot signifie « manger »). Ainsi, le mot « malbouffe » peut être interprété comme « la mauvaise nourriture ».

　Ce mot a été inventé au début des années 80 pour désigner la nourriture mal adaptée au besoin de l'homme. Ce terme a évolué pour s'enrichir notamment de son sens actuel critique vis-à-vis d'une nourriture peu équilibrée et qui favorise l'obésité. Les chaînes de restauration rapide, notamment, sont accusées par des mouvements écologistes et altermondialistes de produire de la malbouffe. Cependant, au-delà des fast-foods, c'est bien les acteurs qui favorisent cette malbouffe à tous les échelons de la filière de l'alimentation qui sont visés, et plus généralement encore, le modèle de société de consommation qui se dessine dans le monde depuis les deux ou trois dernières décennies.

　L'un des évènements symboliques de cette lutte contre la malbouffe (et contre une certaine idée d'une mondialisation libérale) fut le démontage d'un McDonald's pendant l'été 1999. José Bové, l'une des figures françaises les plus emblématiques des mouvements écologistes et altermondialistes actuellement, a notamment participé à cet acte de protestation.

Exercices

1) （　）内の動詞を複合過去に活用して全文を書きましょう.

Réécrivez les phrases suivantes en conjuguant au passé composé les verbes proposés entre parenthèses.

1. Hier, nous (dîner) au restaurant.

    → _____

2. Dimanche dernier, Marie et Florence (aller) au cinéma.

    → _____

3. Qu'est-ce que vous (faire) hier soir ?

    → _____

4. Vendredi soir, elle (sortir) avec son copain.

    → _____

5. Tu (comprendre) ?

    → _____

6. François (se lever) à sept heures.

    → _____

7. Mes parents (boire) un café.

    → _____

2) （　）内の動詞を半過去に活用して全文を書きましょう.

Réécrivez les phrases suivantes en conjuguant à l'imparfait les verbes proposés entre parenthèses.

1. Tu (habiter) où en France ?

    → _____

2. Avant, les Japonais (consommer) plus de riz.

    → _____

3. Après notre match de badminton, nous (être) très fatiguées.

    → _____

4. Il n'y (avoir) pas de vin chez eux.

    → _____

5. Des jeunes (se promener) sur la plage.

    → _____

6. Dans mon enfance, je (manger) beaucoup de gâteaux.

    → _____

3) 音声を聞きながら，［　］内の動詞を活用して下線部に記入しましょう. 🔊37

Écoutez et complétez les phrases suivantes en conjuguant les verbes proposés entre crochets.

	1	Max _____ Naoko à 11 h 00.　［rencontrer］
	2	Elle _____ un chapeau rouge.　［porter］
	3	Ils _____ dans le parc de Yoyogi.　［se promener］
	4	À midi, ils _____ dans un restaurant italien.　［déjeuner］
	5	Ils _____ des pâtes à la sauce tomate.　［manger］
	6	La serveuse _____ très aimable.　［être］
	7	Ils _____ du shopping à Omotesando.　［faire］
	8	Il y _____ beaucoup de monde.　［avoir］
	9	Max _____ un CD.　［acheter］
	10	Naoko _____ à 18 h 00.　［partir］
	11	Elle _____ le métro.　［prendre］
	12	Max _____ à la maison.　［rentrer］

4) （　）内の動詞を，半過去か複合過去に活用して下線部に記入しましょう.

Choisissez entre l'imparfait et le passé composé pour conjuguer les verbes proposés entre parenthèses.

Ce matin, je (se réveiller) _____ . Je (aller) _____ dans la chambre de mes parents. Ils (se lever) _____ tout de suite. Ensuite, Maman (préparer) _____ le petit-déjeuner et Papa (sortir) _____ la voiture. Puis, nous (partir) _____ à la mer.

La mer (être) _____ belle. Il n'y (avoir) _____ pas beaucoup de monde sur la plage. Quelques personnes (se baigner) _____ . Il n'y (avoir) _____ pas d'ombre mais nous (avoir) _____ un parasol. Maman et moi (être) _____ très contents ! Mais Papa, non… Il n'aime pas le soleil…

Maman et moi (aller) _____ dans l'eau. Quand nous (sortir) _____ , Papa (dormir) _____ . Avec Maman, nous (se promener) _____ .

Quand nous (revenir) _____ près de Papa… Il (être) _____ tout rouge !

Civi-Langue
Leçon 6

grammaire

疑問 combien/où/qui/quand/pourquoi/quel/
comment

否定 ne… pas encore/ne… jamais/ne… plus

civilisation

ストライキ **Les grèves**

Introduction

A) 質問と答えを結びつけましょう.

Reliez une question avec une réponse.

1. <u>Comment</u> tu t'appelles ?
2. <u>Quel</u> âge avez-vous ?
3. <u>Combien</u> ça coûte ?
4. <u>Quand</u> est la Fête Nationale en France ?
5. <u>Quels</u> jours vous allez au travail ?
6. <u>Où</u> habitez-vous ?

7. <u>Quelles</u> villes de France vous aimez ?
8. <u>Quelle</u> est votre couleur préférée ?
9. <u>Qui</u> vient au cinéma ?

10. <u>Pourquoi</u> vous êtes fatigué ?

a. Dix euros.
b. Le 14 juillet.
c. C'est le vert.
d. Toulouse et Nice.

e. Je m'appelle Ayuko.
f. Parce que je n'ai pas beaucoup dormi.

g. Pierre et Mireille.
h. J'ai 23 ans.
i. Le lundi, le mardi, le jeudi et le vendredi.
j. À Toulouse.

B) 質問と答えを結びつけましょう.

Reliez une question avec une réponse.

1. Est-ce que tu as déjà visité le musée du Louvre ?
2. Est-ce que tu aimes les livres ?

3. À quelle heure tu vas au bowling samedi ?
4. Tu vas à l'opéra avec ton mari ?
5. Où vas-tu pendant ces vacances ? À Rome ? À Paris ?

a. Je <u>ne</u> joue <u>plus</u> depuis un an. Samedi, je vais au cinéma.
b. Je <u>n'</u>aime <u>ni</u> l'Italie <u>ni</u> la France. Je vais voyager en Espagne !
c. Non, je <u>n'</u>ai pas <u>encore</u> visité ce musée.
d. Non, <u>sans</u> lui ; il travaille ce soir.
e. Non, je <u>ne</u> lis <u>jamais</u>.

音声を聞いてください．下の単語の中から適切なものを選び，空欄に記入しましょう．

Écoutez les textes et complétez-les avec les « Mots à choisir ».

Texte 1 🔊 38 　　　　　　**De Toulouse à Bordeaux**

Nicolas — Allô Patricia, je ne peux pas _____ te voir à Bordeaux aujourd'hui.

Patricia — Ah bon, _____ ?

Nicolas — Il y a _____ à la SNCF et donc, il n'y a pas _____ trains.

Patricia — Est-ce que tu peux venir en voiture ?

Nicolas — Malheureusement non, elle est en _____.

Patricia — Zut ! _____ faire ?… Combien de _____ il faut _____ faire Toulouse-Bordeaux en voiture ?

Nicolas — Sans _____, il faut deux heures environ.

Patricia — Bon, je vais prendre la voiture de mes _____ et j'arrive.

Nicolas — Quand tu arrives ?

Patricia — Ce soir.

Nicolas — À _____ heure ?

Patricia — Vers 20 h 00. On dîne _____ ?

Nicolas — Je t'emmène au restaurant !

```
— Mots à choisir
   panne      embouteillage    aller    quelle    Comment    grève
   parents    de               pour     où        pourquoi   temps
```

内容理解　*Questions*

1）テクストの内容と合っていれば《vrai》，違っていれば《faux》に印をつけましょう．

Vrai ou faux ?

	vrai	faux
1) Nicolas n'a pas de voiture.	☐	☐
2) Nicolas n'habite pas à Bordeaux.	☐	☐
3) La voiture de Nicolas ne fonctionne pas.	☐	☐
4) Il faut 12 heures pour faire Toulouse-Bordeaux en voiture.	☐	☐

2）a, b, c のうち，テクストの内容と合っているものをひとつ選びましょう．

Choisissez la bonne réponse.

1	Nicolas ne peut pas aller à Bordeaux en voiture	a- car sa voiture ne marche pas.
		b- car sa voiture a de la peine.
		c- parce qu'il y a des embouteillages.
2	Patricia arrive à Toulouse	a- avant de dîner.
		b- après avoir dîné.
		c- pendant le dîner.
3	Il n'y a pas de trains	a- parce que Nicolas veut aller à Bordeaux.
		b- parce que Nicolas ne peut pas aller voir Patricia à Bordeaux.
		c- parce qu'il y a grève.
4	Pour aller de Toulouse à Bordeaux,	a- il n'y a pas d'embouteillage à 14 h environ.
		b- s'il n'y a pas d'embouteillage, ça prend deux heures.
		c- il y a trop d'embouteillages.

Texte 2 🔊 39   L'anniversaire de Sarah

Sarah est _____ train de pleurer. C'est son _____ . Mais son papa n'est pas à la maison. _____ son papa, la fête est moins bien. Et aussi, ça fait un _____ en moins !

Ni sa maman ni sa sœur _____ savent _____ le père de Sarah va rentrer. Il est en voyage d'affaires en _____ . Il vient de téléphoner : sa compagnie d'aviation est en grève. _____ ne sait quand l'avion pour Paris va décoller. Cependant, il n'a _____ manqué l'anniversaire de Sarah. Il va chercher une solution. Il a dit à sa fille : « s'il n'y a pas d'avion, je vais prendre le TGV. S'il n'y a pas _____ train, je vais prendre un taxi ! ». Il lui a _____ d'arriver vers 20 h 00 à la maison.

Sarah ne pleure _____ maintenant. Elle est en train de penser au cadeau de son papa…

┌─ **Mots à choisir** ──────────────────────────────────────┐

jamais	cadeau	de	province	en	plus
Sans	quand	Personne	anniversaire	promis	ne

└──┘

内容理解 *Questions*

1) テクストの内容と合っていれば《vrai》，違っていれば《faux》に印をつけましょう.

Vrai ou faux ?

	vrai	faux
1) Le père de Sarah est chez lui.	☐	☐
2) Le père de Sarah est en voyage d'affaires en Provence.	☐	☐
3) Sarah est fille unique.	☐	☐
4) Le père de Sarah n'a pas appelé chez lui depuis deux jours.	☐	☐
5) Le père de Sarah va manquer l'anniversaire de sa fille.	☐	☐

2) a, b, c のうち, テクストの内容と合っているものをひとつ選びましょう.

Choisissez la bonne réponse.

1	C'est l'anniversaire	a- du papa de Sarah.
		b- de Sarah.
		c- de la sœur de Sarah.
2	Le père de Sarah n'est pas à la maison	a- car il n'y a pas d'avion.
		b- car il n'a pas de cadeau.
		c- car il n'y a pas de train.
3	Le père de Sarah	a- est à Paris.
		b- n'est pas à Paris.
		c- est à l'étranger.
4	Le père de Sarah	a- est toujours présent aux anniversaires de Sarah.
		b- n'est jamais aux anniversaires de Sarah.
		c- a manqué un anniversaire de Sarah.
5	Le père de Sarah	a- arrivera à 20 h 00, demain.
		b- arrivera à 20 h 00 pile.
		c- arrivera à 20 h 00 environ.

Grammaire

1）疑問形容詞

男性単数	quel	男性複数	quels
女性単数	quelle	女性複数	quelles

Quelle heure est-il ? — Il est deux heures et demie.

Quels sont vos romanciers préférés ? — Ce sont Balzac et Zola.

2）数量，値段

Combien				?
Combien	de	+	名詞	?

Ça coûte combien ? — Ça fait trois euros.

Vous avez combien d'enfants ? — J'ai deux enfants.

3） さまざまな疑問

Qui	Qui attendez-vous ? — J'attends mon frère.
	Tu voyages avec qui ? — Je voyage avec Nicolas.
Où	Où est la poste ? — Elle est là-bas.
	D'où viens-tu ? — Je viens de France.
Quand	Quand est-ce que tu vas rentrer ? — Je vais rentrer dans deux semaines.
	Vous habitez à Tokyo depuis quand ? — J'habite à Tokyo depuis trois ans.
Comment	Il s'appelle comment ? — Il s'appelle Vincent.
	Comment est-ce que vous allez à l'université ? — Je vais à l'université en métro.
Pourquoi	Pourquoi pleures-tu ? — Parce que Papa n'est pas là.

Qu'est-ce que... ?	「何を…?」 とたずねる表現
	Qu'est-ce que vous prenez comme boisson ? — Je prends de la bière.
Est-ce que... ?	oui/non いずれかの答えを導く
	Est-ce que tu es libre cet après-midi ? — Non, je suis très occupé.

Que... ?	物について	Que cherchez-vous ? — Je cherche un livre.
Qui... ?	人について	Qui cherchez-vous ? — Je cherche Pierre.

4） さまざまな否定

ne... pas encore	Le père de Patricia n'est pas encore rentré.
	Je ne suis pas encore allé en France.
ne... jamais	Jean ne lit jamais.
ne... plus	Sarah ne pleure plus maintenant.
	Marc était chanteur mais il ne chante plus.
sans	Sans son papa, la fête est moins bien, et ça fait un cadeau en moins…
	Sans embouteillage, il faut deux heures environ.
ne... ni... ni...	Je ne prends ni café ni thé.
	Ni sa maman ni sa sœur ne savent quand le père de Sarah va rentrer.

Expressions

いろいろな表現 🔊40

Allô. もしもし

D'accord. わかった

Bien sûr. もちろん

Peut-être. たぶん

Tiens. おや

Allez. さあさあ

C'est vrai ? 本当に？

Dis. / Dites. ねえ

Écoute. / Écoutez. あのね

Zut ! しまった

Merde ! くそっ

Beurk ! おえっ

Bof ! ふぅん

Oh là là ! おやおや

祝福と励まし 🔊41

Bon anniversaire ! お誕生日おめでとう

(Toutes mes) félicitations ! おめでとう

Bravo ! すごいぞ

Joyeux Noël ! メリークリスマス

Bonne année ! あけましておめでとう

Bonnes vacances ! 楽しい休暇を

Bon appétit ! たっぷり召し上がれ

Bon voyage ! よい旅を

Bon courage ! がんばって

Bonne chance ! 幸運を祈ります

© Maiko Miyazaki

ストライキ

　パリ市庁舎前広場は，19 世紀初頭まではグレーヴ広場 place de Grève と呼ばれていました．この広場は，フランス革命後の 1792 年に，ギロチンによる最初の処刑が行われた場所でもあります．セーヌ川に面した広場は船の発着場として賑わっていたため，職のない人々は，荷物を船に積んだり下ろしたりという仕事を求めて集まりました．グレーヴ広場に多数の失業者が集まったことから，労働条件の向上を求めて労働者たちが業務を停止するストライキのことを，フランス語で grève と言うようになりました．

　1933 年にドイツでヒトラーが政権を握ると，フランスではファシズムへの抵抗のために人民戦線が結成されます．やがて人民戦線主導の政府が誕生し，1936 年には，200 万人の労働者たちが団結して大規模なストライキを行います．この運動の結果，賃金の引き上げや，有給休暇（二週間）の導入，労働時間の短縮（週 48 時間から 40 時間へ）などが取り決められました．

Grève

　La place de l'Hôtel de Ville à Paris s'appelait la place de Grève jusqu'au début du XIXe siècle. La première exécution par guillotine a eu lieu sur cette place le 25 avril 1792. Située au bord de la Seine, elle était un des principaux point d'accostage des bateaux. Les gens sans profession s'y regroupaient fréquemment : ils pouvaient y trouver un travail facilement pour les chargements et déchargements. Comme les « chômeurs » se rassemblaient sur la place de Grève, on appelle « grève » la cessation collective du travail par des salariés qui cherchent à contraindre leur employeur à satisfaire leurs revendications professionnelles.

　Face à la montée d'Adolf Hitler en 1933, un dirigeant communiste a proposé la formation d'un « Front populaire ». En 1936, le succès électoral du Front populaire a incité près de 2 millions de travailleurs à la grève. En conséquence, ils ont obtenu une hausse des salaires, les premiers congés payés (quinze jours), la réduction du temps de travail (de 48 heures à 40 heures).

Exercices

1) (a), (b), (c) のうち適切なものを選びましょう.
   Choisissez la bonne réponse.

   1. (   ) cherches-tu ? — Je cherche mes clés.

      (a) Qui   (b) Que   (c) Où

   2. (   ) cherches-tu ? — Je cherche le prof de français.

      (a) Qui   (b) Que   (c) Où

   3. Vous avez (   ) âge ? — J'ai vingt ans.

      (a) combien   (b) comment   (c) quel

   4. (   ) vas-tu ? — Je vais bien, merci.

      (a) Quel   (b) Comment   (c) Pourquoi

   5. D'(   ) venez-vous ? — Je viens d'Italie.

      (a) où   (b) quand   (c) combien

   6. (   ) il est triste ? — Parce que son grand-père est mort.

      (a) Comment   (b) Quelle   (c) Pourquoi

   7. Tu as (   ) de frères ? — J'ai deux frères.

      (a) combien   (b) comment   (c) qui

   8. (   ) est-ce que tu pars en vacances ? — En août.

      (a) Que   (b) Quand   (c) Comment

   9. (   ) va-t-elle à Osaka ? — En avion.

      (a) Comment   (b) Où   (c) Pourquoi

2) 否定表現を用いて, 1語ずつ ( ) に記入しましょう.
   Complétez les phrases suivantes avec des expressions de la négation.

   1. Jeanne aimait beaucoup la danse, mais elle (   ) danse (   ) maintenant.

   2. Il ne boit (   ) d'alcool. Il boit toujours du jus de fruits.

   3. Tu es déjà allé aux États-Unis ?

      — Non, je ne suis (   ) (   ) allé aux États-Unis.

   4. Luc est sorti (   ) parapluie.

   5. Vous prenez du vin ou de la bière ?

      — Non, merci. Je ne prends (   ) vin (   ) bière.

3）これから聞く質問への返答として，（a）と（b）のどちらが適切でしょう． 🔊42

Choisissez (a) ou (b) pour répondre aux questions que vous entendez.

1. (a) Je m'appelle Yuki.
   (b) Très bien, merci.
2. (a) Je vais à l'hôpital.
   (b) Je ne bois pas de vin.
3. (a) Il est content.
   (b) Il est quatre heures.
4. (a) Non, je suis italienne.
   (b) J'habite à Madrid.
5. (a) Parce qu'il est malade.
   (b) Je vois Georges très souvent.
6. (a) Oui, il est étudiant.
   (b) Il étudie l'histoire.
7. (a) Demain soir.
   (b) Hier soir.

4）次の答えを導く質問を考えて記入しましょう．

Trouvez une question possible.

1. _____

   — Non, je n'aime ni l'Italie ni la Suisse.
2. _____

   — Non, je voyage sans mes parents.
3. _____

   — Non, je ne mange jamais au restaurant.
4. _____

   — Non, je ne fume plus.
5. _____

   — Non, je n'ai pas encore visité ce pays.

Civi-Langue
Leçon 7

grammaire
目的語人称代名詞（直接／間接）
中性代名詞 en/y

civilisation
新しいテクノロジー
Les nouvelles technologies

Introduction

A) 単語を並べ替えて文章を作りましょう.

Complétez les phrases suivantes en replaçant dans le bon ordre les mots proposés entre crochets.

1	[téléphones / me / tu] ce soir ?	[	] ce soir ?
2	[il / regarde / te].	[	].
3	[nous / vous / attendez] à la gare ?	[	] à la gare ?
4	[présente / je / vous] mes parents.	[	] mes parents.

B) 《le》, 《la》, 《l'》, 《lui》, 《leur》 を用いる法則に注目しましょう.

Essayez de trouver une règle pour l'utilisation de « le », « la », « l' », « lui » et « leur ».

1	Pierre propose à Sylvie d'aller au cinéma. Pierre propose à Jean d'aller au cinéma.	Pierre lui propose d'aller au cinéma.
2	Patricia regarde Christophe.	Patricia le regarde.
3	Émilie voit Caroline.	Émilie la voit.
4	Sébastien aime Caline.	Sébastien l'aime.
5	Stéphanie écrit à Marie et Mireille. Stéphanie écrit à Yannick et François. Stéphanie écrit à Mireille et François.	Stéphanie leur écrit.

C) 《le》, 《la》, 《l'》, 《lui》, 《leur》 を用いて次の文章を書き変えましょう.

Réécrivez les phrases suivantes en utilisant « le », « la », « l' », « lui » et « leur ».

1	Pierre conseille à Sylvie de partir tôt. Pierre conseille à Jean de partir tôt.	Pierre
2	Patricia rencontre Christophe.	Patricia
3	Émilie cherche Caroline.	Émilie
4	Sébastien attend Caline.	Sébastien
5	Stéphanie parle à Marie et Mireille. Stéphanie parle à Yannick et François. Stéphanie parle à Mireille et François.	Stéphanie

57
cinquante-sept

Compréhension

音声を聞いてください．下の単語の中から適切なものを選び，空欄に記入しましょう．

Écoutez les textes et complétez-les avec les « Mots à choisir ».

Texte 1 🔊43   **SMS***

Jérôme — Salut David. Ça va ?

David — Ça va. Je peux _____ à Sébastien de venir au cinéma avec _____ ? Ça ne _____ dérange pas ?

Jérôme — Non, ça ne _____ dérange pas. Propose-lui. Mais il ne va pas au concert avec Caline ?

David — Non, il ne _____ voit pas. Il _____ a envoyé un SMS pour confirmer le _____ avec elle. Et dans le SMS que Caline lui a envoyé, elle lui dit : « slt cv ? m jvb pb pr concer sui OQP j v voyaG c'WE Tpa fache j'tapLDkej'pe »**.

Jérôme — Ah bon. Mais Sébastien a acheté les _____ pour le concert. Il ne veut pas _____ aller avec une _____ personne ?

David — Non, pour lui, c'est Caline ou personne.

Jérôme — Qu'est-ce qu'il va en faire ?

David — Peut-être _____ vendre sur _____…

* 英語の Short Message Service の略．フランス語では « service de messages courts » あるいは « Service de Messages Succincts »

** Salut, ça va ? Moi, je vais bien. (Il y a un) problème pour (le) concert. Je suis occupée. Je vais voyager ce week-end. T'es [tu n'es] pas fâché ? Je t'appelle dès que je peux.

Mots à choisir					
rendez-vous	te	y	autre	proposer	Internet
nous	la	les	billets	me	lui

内容理解 *Questions*

1) テクストの内容と合っていれば《vrai》，違っていれば《faux》に印をつけましょう．

Vrai ou faux ?

	vrai	faux
1) David ne connaît pas Sébastien.	☐	☐
2) Jérôme et David vont au cinéma.	☐	☐
3) Sébastien n'a pas encore acheté les billets pour le concert.	☐	☐
4) Caline n'est pas libre ce week-end.	☐	☐

2) a, b, c のうち，テクストの内容と合っているものをひとつ選びましょう．

Choisissez la bonne réponse.

1	Qui apprécie beaucoup Caline ?	a- David.
		b- Sébastien.
		c- Jérôme.
2	Deux personnes s'écrivent des SMS. Ce sont	a- Jérôme et Sébastien.
		b- Sébastien et Caline.
		c- Caline et David.
3	Ce week-end, Caline va	a- au cinéma.
		b- en voyage.
		c- au concert.

Texte 2 🔊44   Les Français et les nouvelles technologies

En France, au début des années 2000, seulement 50 % (cinquante pour cent) des familles avait un _____ à la maison. Maintenant, les familles françaises sont bien équipées : 85 % en ont _____. Parfois, elles en ont plusieurs.

Bien sûr, les jeunes _____ beaucoup les _____ technologies : presque tous ont un ordinateur, une tablette ou un smartphone. Parfois, ils ont _____ appareils. Mais, l'usage des nouvelles technologies a surtout augmenté _____ les personnes âgées.

Ainsi, aujourd'hui, l'utilisation des nouvelles technologies en France ne dépend _____ beaucoup de l'âge. Elle dépend _____ de la situation financière. Si une famille a _____ d'argent, elle _____ acheter un ordinateur. Mais si elle n'_____ a pas assez, elle ne peut pas en _____ un.

┌─ **Mots à choisir** ─────────────────────────────────
| pas | un | ordinateur | surtout | plusieurs | peut |
| chez | en | utilisent | acheter | assez | nouvelles |

内容理解 *Questions*

1) テクストの内容と合っていれば《vrai》，違っていれば《faux》に印をつけましょう．

	vrai	faux
1) Les Français sont mal équipés en ordinateurs.	☐	☐
2) L'usage des nouvelles technologies a baissé chez les personnes âgées.	☐	☐
3) Les nouvelles technologies sont beaucoup utilisées par les jeunes.	☐	☐
4) Quelques familles ont plus d'un ordinateur.	☐	☐
5) Peu de jeunes ont un ordinateur, une tablette ou un smartphone.	☐	☐

2) a, b, c のうち，テクストの内容と合っているものをひとつ選びましょう．

1	En France, dans les années 2000,	a- moins de cinquante pour cent des familles avaient un ordinateur.
		b- la moitié des familles avait un ordinateur.
		c- plus de cinquante pour cent des familles avaient un ordinateur.
2	Combien de jeunes ont un ordinateur, une tablette ou un smartphone ?	a- quasiment aucun.
		b- aucun.
		c- quasiment tous.
3	L'utilisation des nouvelles technologies en France dépend	a- peu de l'âge.
		b- surtout de l'âge.
		c- essentiellement de l'âge.
4	Combien de familles françaises ont plusieurs ordinateurs ?	a- quelques-unes.
		b- presque toutes.
		c- toutes.
5	L'utilisation des nouvelles technologies en France	a- dépend peu de l'argent.
		b- ne dépend pas beaucoup de l'argent.
		c- dépend essentiellement de l'argent.

Grammaire

1-a) 目的語人称代名詞

主語	直接目的補語	間接目的補語	主語	直接目的補語	間接目的補語
je	me (m')		nous	nous	
tu	te (t')		vous	vous	
il	le (l')	lui	ils	les	leur
elle	la (l')		elles		

1-b) 直接目的補語

Cédric voit Caline souvent ?

— Oui, il la voit souvent. / — Non, il ne la voit plus. (la = Caline)

Il n'écoute plus ces disques. Alors, il les vend sur Internet. (les = disques)

1-c) 間接目的補語

Je téléphone à Marc ce soir.

— Pourquoi tu lui téléphones ? (lui = à Marc)

Tu vas écrire à tes parents ?

— Oui, je vais leur écrire. (leur = à mes parents)

1-d) 直接目的補語と間接目的補語が同じ場合（me, te, nous, vous）

Ça ne te dérange pas ? （te : 直接目的補語 / déranger + 人）

Ça te dit quelque chose ? （te : 間接目的補語 / dire + à + 人）

2) 中性代名詞 en

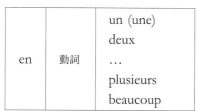

Vous avez un téléphone portable ? — Oui, j'en ai un.

Vous avez une voiture ? — Oui, j'en ai une.

Il y a plusieurs verres ? — Oui, il y en a plusieurs.

Pierre a beaucoup de livres ? — Oui, il en a beaucoup.

Ils ont des enfants ? — Oui, ils en ont. （不定冠詞 des は en を使う文章にはあらわれない）

Vous n'avez pas d'ordinateur ? — Non, je n'en ai pas. （否定形に注意）

3) 中性代名詞 y

Vous allez au cinéma ? — Oui, j'y vais.

Tu veux habiter à Paris ? — Oui, je veux y habiter.

Il est en France ? — Non, il n'y est pas.

Elles vont chez Pierre ? — Oui, elles y vont.

Vocabulaire

通信手段・パソコン 🔊45

téléphone portable（♂）携帯電話	mémoire（♀）メモリ
abonnement（♂）加入	disquette（♀）フロッピーディスク
Internet（♂）インターネット	CD-Rom（♂）CD-Rom
site Internet（♂）インターネットサイト	mot de passe（♂）パスワード
e-mail/courriel/mél（♂）メール	clavier（♂）キーボード
souris（♀）マウス	informatique（♀）情報科学
icône（♀♂）アイコン	programmation（♀）プログラミング
écran（♂）デスクトップ	logiciel（♂）ソフトウェア
démarrer （パソコンを)起動する	virus（♂）ウィルス
copier コピーする	pirate（♂）ハッカー
couper カットする	piratage（♂）ハッキング
coller ペーストする	imprimante（♀）プリンター
sauvegarder 保存する	scanner（♂）スキャナー
	télécopie（♀）ファックス

※ ♂：男性名詞　♀：女性名詞

ショート・メッセージで使われる略語

フランス語	日本語	SMS	フランス語	日本語	SMS
à plus tard	後で	@＋	je t'aime	きみが好き	jtm
aller-retour	往復	AR	message	メッセージ	msg
bise	キス	biz	occupé	忙しい	OQP
bonsoir	こんばんは	bsr	passer	過ごす	paC
c'est-à-dire	つまり	cad	pourquoi？	どうして？	pk
café	喫茶店	Kfe	problème	問題	pb
d'accord	わかった	dak	qu'est-ce que c'est？	それは何？	keske C
acheter	買う	HT	quand	いつ	qd
beaucoup	とても	bcp	que	何	ke
bonjour	こんにちは	bjr	qui	誰	ki
c'est	…である	C	quoi de neuf？	新しいことは？	koi29
cadeau	プレゼント	Kdo	rendez-vous	待ち合わせ	rdv
cet/cette	その，この	7	répéter	繰り返す	rePT
décider	決める	D6D	répond s'il te plaît	返答よろしく	rstp
éclater de rire	大笑いする	lol	s'il te plaît	よろしく	stp
elle	彼女	L	salut	やあ	slt
énervé	イライラする	NRV	sympa	感じがいい	5pa
idée	アイディア	ID	tout	全部	tt
j'ai	私は…を持つ	G	week-end	週末	WE

SMS（ショート・メッセージ・サーヴィス）

　新しいテクノロジーを使うことについて，フランスは日本より遅れていたと言えるでしょう．1990年代と2000年代には，この分野では間違いなく日本はフランスより遥かに進んでいて，フランス人にとって日本人は「未来に生きている」ようなものでした．

　それでも，情報処理とコミュニケーションの新たな手段は，フランスの家庭や企業，そして人々の心に浸透しました．

　インターネット上でのメッセージの書き込み（Twitterやフェイスブックなど）や，SMSの送信などにより，新たな特殊用語が発展しました．その目的はメッセージを打ち込む時間の短縮です．それはフランス特有の現象ではなく，ほかの国々でも同様です．特殊用語は「エモティコン émoticônes（= émotion 感情 + icône アイコン）」と略語によって造られます．エモティコンは国境を越えて通用しますが，略語はそうはいきません．というのも，略語はある言語に依存するものであり，音の類似性により機能するからです．フランスでよく使われているショート・メッセージの略語を61ページに示しました．

SMS

　L'utilisation des nouvelles technologies s'est sans doute moins rapidement développée en France qu'au Japon. Il va sans dire que, dans les années 1990 et 2000, le Japon avait plusieurs longueurs d'avance sur la France dans ce domaine et que, du point de vue français, les Japonais vivaient un peu « dans le futur ».

　Néanmoins, l'usage des nouveaux outils de l'informatique et de la communication s'est depuis bien installé dans les foyers, les entreprises et les esprits en France.

　L'écriture de messages sur Internet (sur Twitter, sur Facebook...) et de SMS, par exemple, a conduit au développement d'un nouveau jargon. L'optique était de réduire le temps de rédaction. Ce n'est pas un phénomène particulier à la France ; c'est le cas dans tous les pays utilisant cette forme de communication. Ce jargon est formé d'émoticônes (= émotion + icône) et d'abréviations. Si l'émoticône a un caractère international, il n'en va pas de même pour l'abréviation qui dépend forcément d'une langue (même si beaucoup de mots/abréviations traversent les frontières), car elle fonctionne beaucoup sur les analogies sonores. Pour quelques exemples courants d'abréviations SMS françaises, voir page 61.

Exercices

1) (a), (b), (c) のうち適切なものを選びましょう.

Choisissez la bonne réponse.

1. Tu vois Georges souvent ?　　　— Oui, je (　　　) vois souvent.

　　(a) le　　　(b) la　　　(c) lui

2. Il téléphone à sa mère ?　　　— Oui, il (　　　) téléphone.

　　(a) le　　　(b) la　　　(c) lui

3. Il a acheté ces chaussures la semaine dernière. Il ne (　　　) porte plus.

　　(a) leur　　(b) les　　　(c) la

4. Vous m'appelez cet après-midi ?　— Oui, je (　　　) appelle cet après-midi.

　　(a) m'　　　(b) nous　　　(c) vous

5. Tu écris à tes parents ?　　　— Oui, je (　　　) écris.

　　(a) les　　　(b) lui　　　(c) leur

2) 質問に中性代名詞 en を使って答えましょう.

Répondez aux questions en utilisant le pronom « en ».

1. Tu as un ordinateur ?　　　— Oui, _____ .

　　　　　　　　　　　　　　— Non, _____ .

2. Alain a une imprimante ?　　— Oui, _____ .

　　　　　　　　　　　　　　— Non, _____ .

3. Vous prenez du fromage ?　　— Oui, _____ .

　　　　　　　　　　　　　　— Non, _____ .

4. Tu achètes des pommes ?　　— Oui, _____ .

　　　　　　　　　　　　　　— Non, _____ .

5. Vous avez beaucoup de livres ?　— Oui, _____ .

　　　　　　　　　　　　　　— Non, _____ .

3) 質問に中性代名詞 y を使って答えましょう.

Répondez aux questions en utilisant le pronom « y ».

1. Tu vas à la piscine ?　　　— Oui, _____ .

　　　　　　　　　　　　　　— Non, _____ .

2. Tes parents habitent en France ?　— Oui, _____ .

　　　　　　　　　　　　　　— Non, _____ .

3. Votre frère travaille à Lyon ?　— Oui, _____ .

　　　　　　　　　　　　　　— Non, _____ .

Écoutez et complétez les phrases suivantes.

1. Jean-Pierre _____ à 16 h 00. Il veut _____ des livres.
2. J'ai acheté une chaise. Je _____ très confortable.
3. Je _____ d'aller au restaurant ce soir !
4. Pour le dessert, je _____ une glace ou un fruit ?
5. Papa, tu _____ ce jouet ?

5）下線部に，me, nous, le, la, l', les, lui のうち適切なものを選んで記入しましょう.

Complétez les phrases en utilisant: me, nous, le, la, l', les ou lui.

1. Stéphanie n'aime pas la télé. Elle ne _____ regarde jamais.
2. Notre professeur est gentil. Il _____ enseigne le français patiemment…
3. Sylvie n'a pas de téléphone portable, mais on peut _____ envoyer un email.
4. Les enfants de Nicolas sont vraiment turbulents. Nicolas _____ gronde souvent.
5. J'ai écrit une carte postale. Tu _____ envoies, s'il te plaît ?
6. Mon cousin Tom arrive demain ! Je vais _____ chercher à la gare.
7. Je suis à l'hôpital pour trois semaines et Marie _____ rend visite tous les jours.

grammaire
単純未来
動詞のつながり pouvoir + verbe /
commencer + à / oublier + de

civilisation
学校制度 Système scolaire

Introduction

A）動詞 aller を活用して空欄に記入しましょう.

Conjuguez le verbe « aller » dans les cases vides.

		aller	
1	Cécile		voyager à Okinawa.
2	Vous		étudier aux États-Unis.
3	Pierre et Mireille		aller à l'université
4	Tu		étudier le russe.

B）動詞の単純未来形は規則的に活用します. 語尾を選んで動詞に付けましょう.

Les verbes sont réguliers au futur simple. Essayez d'attribuer à chaque verbe sa terminaison.

ont	ez	as	a

1	Cécile	partir__	demain.
2	Vous	adorer__	New York.
3	Pierre et Mireille	étudier__	la médecine.
4	Tu	voyager__	souvent à Moscou.

音声を聞いてください．下の単語の中から適切なものを選び，空欄に記入しましょう．

Écoutez les textes et complétez-les avec les « Mots à choisir ».

Texte 1 🔊47   **Plus tard...**

    Comme _____ les jours, Florence va chercher Alice chez elle. Elles _____ étudier à vélo ensemble. Elles peuvent _____ sur le chemin de l'école.

    Elles aiment se raconter _____ week-end. Elles aiment aussi imaginer ce qu'elles _____ pendant les vacances. Elles voudraient _____ les deux aller à la mer !

    Parfois, elles aiment aussi parler de leur futur. Quand Florence _____ le baccalauréat, elle ira étudier la _____ à Marseille. Plus tard, elle _____ être docteur ! Alice veut devenir _____ car elle aime faire des bouquets et rencontrer des gens.

    Mais pour l'instant, elles ont seulement dix ans. Elles _____ étudier : elles ont beaucoup de _____ à apprendre !

┌─ **Mots à choisir** ─────────────────────────────────┐
parler	fleuriste	médecine	choses	feront	tous
toutes	leur	doivent	partent	veut	aura
└──┘

内容理解 *Questions*

1) テクストの内容と合っていれば《vrai》，違っていれば《faux》に印をつけましょう．

Vrai ou faux ?

	vrai	faux
1) Florence a le baccalauréat.	☐	☐
2) Alice et Florence ont le même âge.	☐	☐
3) Florence va à l'école seule.	☐	☐
4) Alice aime les fleurs.	☐	☐
5) Alice et Florence sont sœurs.	☐	☐

2) a, b, c のうち，テクストの内容と合っているものをひとつ選びましょう．

Choisissez la bonne réponse.

1	Alice et Florence sont	a- assez âgées.
		b- adolescentes.
		c- très jeunes.
2	Qui veut aller à la mer ?	a- Ni Alice ni Florence.
		b- Alice et Florence.
		c- Alice.
3	Alice et Florence	a- ont juste dix ans.
		b- ont moins de dix ans.
		c- ont plus de dix ans.
4	Alice et Florence vont à l'école	a- en voiture.
		b- à bicyclette.
		c- en bus.
5	Tous les jours,	a- Alice va chez Florence.
		b- Florence va chez Alice.
		c- Alice et Florence ne se voient pas.

Texte 2 🔊48   **Rentrée universitaire**

C'est le _____ de juillet. Émilie et Patrick viennent _____ réussir leur baccalauréat. Ils iront à l'université à Toulouse. Les _____ commenceront au mois d'octobre. Mais, ils ont déjà beaucoup de _____ à faire pour la _____ universitaire.

Ils habiteront ensemble. Ils vont bientôt _____ à chercher un appartement. Ils craignent de ne _____ en trouver un facilement. Il est de plus en plus _____ de se loger dans cette _____. Ensuite, ils devront déménager et ils _____ de chez eux. Pendant l'année universitaire, certains week-ends, ils reviendront à la maison. Parfois, leurs _____ iront à Toulouse pour leur rendre visite. Enfin, ils devront s'inscrire à l'université : Émilie, en psychologie, et Patrick, en _____ .

```
┌─ Mots à choisir ──────────────────────────────────────────────┐
│  parents     cours      ville       pas      commencer    de   │
│  difficile   mois       partiront   choses   histoire     rentrée │
└────────────────────────────────────────────────────────────────┘
```

内容理解 *Questions*

1) テキストの内容と合っていれば《vrai》，違っていれば《faux》に印をつけましょう．

Vrai ou faux ?

		vrai	faux
1)	Émilie et Patrick habitent à Toulouse.	☐	☐
2)	Émilie et Patrick n'habitent plus chez leurs parents.	☐	☐
3)	Émilie et Patrick sont collégiens.	☐	☐
4)	Émilie et Patrick rentreront parfois chez leurs parents le week-end.	☐	☐
5)	Émilie et Patrick vont étudier à Toulouse.	☐	☐

2) a, b, c のうち，テキストの内容と合っているものをひとつ選びましょう．

Choisissez la bonne réponse.

1	Trouver un appartement à Toulouse	a- est impossible.
		b- n'est pas facile.
		c- est très facile.
2	Dans le texte, c'est	a- l'automne.
		b- le printemps.
		c- l'été.
3	Émilie et Patrick	a- ont le baccalauréat.
		b- n'ont pas le baccalauréat.
		c- passent le baccalauréat.
4	À l'université, les cours commencent	a- en été.
		b- en automne.
		c- en hiver.
5	Émilie et Patrick	a- ont déjà un appartement.
		b- habiteront chez leurs parents à Toulouse.
		c- n'ont pas encore d'appartement.

1）単純未来

語幹（原則的に不定形の語幹と同じ）	+	語尾	commencer	habiter
commencer : commence-		-rai	je commencerai	j'habiterai
habiter : habite-		-ras	tu commenceras	tu habiteras
partir : parti-		-ra	il/elle/on commencera	il/elle/on habitera
répondre : répond-		-rons	nous commencerons	nous habiterons
prendre : prend-		-rez	vous commencerez	vous habiterez
écrire : écri-		-ront	ils/elles commenceront	ils/elles habiteront

例外（語幹の形が不定形と異なる）

être → je serai… avoir → j'aurai… aller → j'irai…

venir → je viendrai… faire → je ferai… pouvoir → je pourrai

devoir → je devrai…

2-a）動詞 + 動詞

pouvoir	Florence et Alice peuvent parler sur le chemin de l'école.
vouloir	Elles voudraient toutes les deux aller à la mer !
devoir	Émilie et Patrick doivent s'inscrire à l'université.
aimer	Elles aiment se raconter leur week-end.
aller	Ils vont bientôt commencer à chercher un appartement.

2-b）動詞 + à + 動詞

commencer à	Ils commencent à chercher un appartement.
continuer à	Les enfants continuent à jouer.
réussir à	Il réussit à convaincre ses parents.
arriver à	Je n'arrive pas à trouver mes clés.

2-c）動詞 + de + 動詞

oublier de	J'ai oublié de fermer la fenêtre.
finir de	Tu finis de travailler à quelle heure ?
essayer de	Il essaie de rejoindre ses amis.

Vocabulaire

学問分野 🔊49

histoire（♀）歴史学
sociologie（♀）社会学
anthropologie（♀）人類学
philosophie（♀）哲学
littérature（♀）文学
linguistique（♀）言語学
physique（♀）物理学
chimie（♀）化学
mathématiques（♀xxx）数学
médecine（♀）医学
droit（♂）法学
économie（♀）経済学
science politique（♀）政治学

学校 🔊50

école maternelle（♀）幼稚園
école primaire（♀）小学校
collège（♂）中学校
lycée（♂）高校
université（♀）大学
licence（♀）学士号
maîtrise（♀）修士号
doctorat（♂）博士号

学習用具 🔊51

cahier（♂）ノート
livre（♂）本
stylo（♂）ペン
crayon（♂）鉛筆
gomme（♀）消しゴム
trousse（♀）筆入れ
ciseaux（♂xxx）はさみ
règle（♀）定規
dossier（♂）ファイル
cartable（♂）通学かばん
agrafeuse（♀）ホチキス
trombone（♂）クリップ

学生と教員 🔊52

écolier/écolière　小学生
collégien/collégienne　中学生
lycéen/lycéenne　高校生
étudiant/étudiante　大学生
instituteur/institutrice　小学校の教諭
professeur　中学校以上の教員

※ ♂：男性名詞　♀：女性名詞　xxx：複数形

バカロレア（大学入学資格試験）

　バカロレア（通称バック bac）は 1808 年に創られました．高校での学業を締めくくる試験のことで，高校 2 年次の学内テストから始まります．バカロレアを取得すれば大学などの高等教育を受けることができます．高等教育を受けるための資格はバカロレアだけではありませんが，これが最も一般的です．

　バカロレア合格者の数は 1960 年代以降，急激に増加しました．1960 年には 81,000 人の受験者がいて，73％ が合格しました．1980 年には大幅に増え，347,000 人の受験者のうち 64％ が合格しました．1985 年に政府は，各年齢の国民のうち 80％ がバカロレア所持者となることを目標として掲げました．2021 年には 700,000 人以上の受験者のうち 94％ が合格しました．バカロレアは現在ではかなり一般的なものであり，それは到達すべき目標というよりも，教育において不可欠なステップとなっています．

Baccalauréat

　Le baccalauréat (le « bac ») a été créé en 1808. C'est un examen qui sanctionne la fin des études au lycée, avec des évaluations qui commencent en classe de première. Avec son obtention, on peut s'inscrire dans un établissement d'enseignement supérieur. Le bac n'est pas le seul moyen d'accéder à l'enseignement supérieur mais c'est le plus courant.

　Le nombre de bacheliers a commencé à beaucoup augmenter dans les années 1960 (81 000 candidats en 1960, et 73 % de réussite). Il est devenu réellement conséquent dans les années 1980 (347 000 candidats en 1980, et 64 % de réussite). En 1985, l'État a affiché son objectif : que 80 % d'une classe d'âge l'obtienne. En 2021, il y a eu plus de 700 000 candidats et 94 % de réussite. On le voit, d'une part, le bac s'est très largement démocratisé et, d'autre part, il constitue maintenant moins un objectif à atteindre qu'une étape indispensable dans la formation.

Exercices

1) （　）内の動詞を単純未来形に活用しましょう.

Conjuguez au futur simple les verbes entre parenthèses.

1. Après son mariage, elle (habiter) _____ avec ses beaux-parents.

2. Quand est-ce qu'il (partir) _____ pour la France ?

3. Nous (aller) _____ au Canada l'année prochaine.

4. Je (pouvoir) _____ te voir demain soir.

5. Tu (être) _____ libre lundi après-midi ?

6. Le mois prochain, ils (voyager) _____ sur la Côte d'Azur.

2) 4つの単語を並べ替えて文章を作りましょう.

Complétez les phrases suivantes en replaçant dans le bon ordre les mots proposés entre crochets.

1. Le bébé _____ .
   [pleurer / commencé / a / à]

2. Je _____ , s'il vous plaît.
   [un / voudrais / café / commander]

3. Je _____ tout à l'heure.
   [mon / finir / vais / travail]

4. Mes amis italiens _____ .
   [cuisine / faire / la / aiment]

5. _____ sa voiture.
   [a / Paul / vendre / dû]

6. Tu _____ à l'aéroport ?
   [peux / me / venir / chercher]

7. D'habitude, _____ à 18 heures.
   [travailler / finis / je / de]

8. Elle ne _____ son mari.
   [réussit / convaincre / jamais / à]

9. Il _____ téléphoner.
   [oublié / me / de / a]

3) 音声を聞いて空欄に記入しましょう. 🔊53

Écoutez et complétez les phrases suivantes.

   1. La maman _____ étudier son fils.

   2. Sophie _____ acheter cette bague.

   3. Il _____ aller au cinéma.

   4. Anne et Marie _____ visiter Kyoto.

   5. Nous _____ de manger.

   6. Frédéric _____ à téléphoner à son amie.

   7. Il _____ à faire chaud ici…

   8. Cécile _____ pas voyager en avion.

   9. Takeshi _____ étudier plus le français.

  10. Émilie et Léon _____ regarder la télévision.

4) 近接未来で書かれている次の文章を，単純未来形で書き直しましょう.

Dans le texte suivant les verbes sont au futur proche. Réécrivez-le en mettant les verbes au futur simple.

> Je vais voyager dans le nord de l'Afrique. Je vais d'abord aller au Maroc. Ensuite, je vais visiter l'Algérie. Je vais terminer mes vacances par la Tunisie. Ma femme ne va pas venir avec moi. Elle préfère aller chez sa mère.
>
> Pendant mon séjour, je vais être tranquille. Je vais me reposer. J'aime beaucoup lire, alors je vais lire, au bord de la mer ou d'une piscine. Un ami, Philippe, va venir me voir à Marrakech pendant quelques jours. Nous allons peut-être passer quatre jours dans le désert
>
> Ça va être fantastique !

5) 単純未来形で書かれている次の文章を，近接未来で書き直しましょう.

Dans le texte suivant les verbes sont au futur simple. Réécrivez-le en mettant les verbes au futur proche.

> Louise naîtra dans quelques jours. Elle sera le deuxième enfant de Nicole et Kunito. Ils habitent en ce moment dans un appartement un peu petit. Puisque leur famille s'agrandira bientôt, ils déménageront. Ils iront dans une maison très jolie qu'ils ont achetée il y a deux mois. Nicole ne travaillera pas les prochains mois. Elle devra se reposer. Alors Kunito s'occupera de faire les courses, il fera le ménage. Il lui faudra beaucoup d'énergie !

Civi-Langue
Leçon 9

grammaire
　量を言う表現
　目的 pour
　必要・義務 il faut / devoir

civilisation
　食文化 Gastronomie

Introduction

A) 数字を読み上げましょう. 🔊54

Lisez ces chiffres/nombres.

0 zéro	1 un	2 deux	3 trois	4 quatre	5 cinq	6 six	7 sept	8 huit	9 neuf
11 onze	12 douze	13 treize	14 quatorze	15 quinze	16 seize				
10 dix	20 vingt	30 trente	40 quarante	50 cinquante	60 soixante				
100 cent									

この表にある数字の組み合わせによって, 0 から 999 までの数字はすべて作られます.

B) 表にある数字を組み合わせて, さまざまな数字を作りましょう.

Écrivez les chiffres/nombres en lettres pour compléter les opérations suivantes.

$10 + 7 = 17$	dix + sept	→	dix-sept
$10 + 9 = 19$	(　　　) + (　　　)	→	(　　　　　　)

$20 + 1 = 21$	vingt + un	→	vingt et un
$40 + 1 = 41$	(　　　) + (　　　)	→	(　　　　　　)

$60 + 5 = 65$	soixante + cinq	→	soixante-cinq
$60 + 15 = 75$	(　　　) + (　　　)	→	(　　　　　　)

$4 \times 20 + 7 = 87$	quatre × vingt + sept	→	quatre-vingt-sept
$4 \times 20 + 10 + 7 = 97$	quatre × (　　　) + dix + (　　　)	→	(　　　　　　)

$100 + 50 + 4 = 154$	cent + cinquante + quatre	→	cent cinquante-quatre
$100 + 4 \times 20 + 10 = 190$	cent + (　　　) × vingt + (　　　)	→	(　　　　　　)

$4 \times 100 + 12 = 412$	quatre × cent + douze	→	quatre cent douze
$5 \times 100 + 30 + 8 = 538$	(　　　) × cent + (　　　) + huit	→	(　　　　　　)

Compréhension

音声を聞いてください．下の単語の中から適切なものを選び，空欄に記入しましょう．

Écoutez les textes et complétez-les avec les « Mots à choisir ».

Texte 1 🔊55   Le dimanche matin

Nous sommes _____ matin. Paul et Mathilde font le marché. Ils doivent _____ des légumes pour préparer une tarte aux légumes _____ le dîner. Il faut qu'ils achètent un kilo de tomates, six _____ grammes de carottes et une _____ de champignons. Ensuite, Mathilde doit aller au supermarché pour acheter un _____ de sucre, un sachet de fromage râpé et un pot de crème fraîche. Pendant ce temps, Paul _____ un paquet de cigarettes au bureau de tabac.

À onze _____ trente, ils _____ rendez-vous au café *Le Concorde*. Ils rencontrent des amis pour _____ l'apéritif : un verre de _____ avec un morceau de fromage et une tranche de _____. Quel bon dimanche !

┌─ **Mots à choisir** ─					
heures	ont	cents	achète	acheter	boîte
prendre	pour	dimanche	pain	vin	paquet

内容理解 *Questions*

1) テクストの内容と合っていれば《vrai》，違っていれば《faux》に印をつけましょう．

Vrai ou faux ?

	vrai	faux
1) Dans le texte, c'est samedi.	☐	☐
2) Mathilde et Paul vont au supermarché ensemble.	☐	☐
3) Mathilde et Paul font les courses pour cuisiner une tarte aux légumes.	☐	☐
4) Mathilde va au bureau de tabac.	☐	☐
5) Mathilde et Paul ont rendez-vous à 13 h 30.	☐	☐

2) a, b, c のうち，テクストの内容と合っているものをひとつ選びましょう．

Choisissez la bonne réponse.

1	Dans le texte, c'est	a- lundi.
		b- mercredi.
		c- dimanche.
2	Mathilde et Paul ont rendez-vous au café	a- à 10 h 30.
		b- à 11 h 30.
		c- à 3 h 30.
3	Mathilde et Paul achètent	a- des légumes.
		b- des vêtements.
		c- des gâteaux.
4	Il faut que Mathilde et Paul achètent	a- 600 g de carottes.
		b- 160 g de carottes.
		c- 106 g de carottes.
5	Paul ne va pas	a- au marché.
		b- au supermarché.
		c- au bureau de tabac.

Texte 2 56 Le pain en France

En 1900, les Français ________ trois cent vingt-huit kilos de pain par ________ et par an. Un Français ________ trois ________ et demie de pain par jour. C'est beaucoup ! De nos jours, les Français ________ beaucoup moins de pain : environ cent vingt-cinq grammes par personne et par jour, c'est-à-dire une demi-baguette.

Dix milliards de baguettes sont consommées ________ année en France. C'est le ________ le plus populaire en France et c'est un ________ du pays ! En 1975, une baguette ________ 0,15 € et, maintenant, elle ________ 0,90 €.

La consommation de pain a beaucoup diminué parce que les ________ alimentaires des Français ont changé. Mais, aujourd'hui, le pain est encore important dans l'________. En France, il y a une centaine de variétés de pains.

Mots à choisir

symbole	personne	habitudes	pain	consomment	consommaient
coûtait	consommait	baguettes	coûte	chaque	alimentation

内容理解 ***Questions***

1）テクストの内容と合っていれば《vrai》, 違っていれば《faux》に印をつけましょう.

	vrai	faux
1) En 1900, en France, on consommait 318 kilos de pain par personne et par an.	□	□
2) En 1900, en France, on consommait 3,5 fois plus de pain que maintenant.	□	□
3) En France, il y a environ cent types de pains.	□	□
4) Une baguette coûte 6 fois plus cher maintenant qu'en 1975.	□	□
5) En France, on mange 10 000 000 de baguettes par an.	□	□

2）a, b, c のうち, テクストの内容と合っているものをひとつ選びましょう.

1	Actuellement, chaque jour, un Français mange	a- trois baguettes et demie. b- la moitié d'une baguette. c- une baguette et demie.
2	Une baguette pèse	a- 3,5 kilos. b- 250 grammes. c- 0,90 €.
3	Les habitudes alimentaires des Français ont changé	a- parce que la consommation de pain a beaucoup augmenté. b- donc la consommation de pain a beaucoup diminué. c- alors il y a une centaine de variétés de pains.
4	De nos jours, une baguette coûte environ	a- 0,15 €. b- 125 grammes. c- 0,90 €.
5	Chaque année, dix milliards de baguettes sont mangées	a- par chaque Français. b- par les Français. c- par chaque famille française.

1) 量を言う表現

数字	単位や入れ物など	de + 名詞
une	bouteille	de vin.
un	verre	d'eau.
une	tasse	de café.
un	pot	de crème fraîche.
deux	sachets	de fromage râpé.
trois	paquets	de cigarettes.
une	boîte	de champignons.
un	morceau	de chocolat.
une	tranche	de pain.
une	part	de tarte aux poires.
un	kilo	de tomates.
six cents	grammes	de carottes.

2) 数の用法とリエゾン

Quelle heure est-il ? — Il est	un (une)	heure.
	deux	heures.
Quel âge avez-vous ? — J'ai	trois	an.
	quatre	ans.
C'est combien ?　　— C'est	cinq	euro.
	six	euros.
	sept	
	huit	
	neuf	
	dix	
	onze	
	douze	
	treize	
	quatorze	
	quinze	
	seize	

heure, an, euro は母音または無音の h で始まるのでリエゾンに注意.

3) 目的

pour + 名詞

Est-ce que c'est bien le train pour Nice ?

Ils préparent une omelette aux champignons pour le déjeuner.

pour + 動詞

Mathilde va au supermarché pour acheter un paquet de sucre.

4）必要・義務（devoir, falloir）

On doit	acheter des légumes pour préparer une tarte aux légumes.
Il faut	

Pour faire des crêpes, il faut de la farine, des œufs, du lait, du sucre et du beurre.

Vocabulaire & Expressions

野菜とくだもの 🔊57

tomate（♀）トマト
carotte（♀）にんじん
oignon（♂）たまねぎ
champignon（♂）きのこ
piment（♂）唐辛子
chou（♂）キャベツ
concombre（♂）きゅうり
pamplemousse（♂）グレープフルーツ
fraise（♀）いちご
poire（♀）洋梨
pomme（♀）リンゴ
orange（♀）オレンジ
raisin（♂）ぶどう

飲み物 🔊58

café（♂）コーヒー
thé（♂）紅茶
chocolat（♂）ココア
jus d'orange（♂）オレンジジュース
bière（♀）ビール
vin（♂）ワイン
eau minérale（♀）ミネラルウォーター

パンなど 🔊59

pain（♂）パン
baguette（♀）バゲット
croissant（♂）クロワッサン
chocolatine（♀）チョコレートパン
tarte（♀）タルト
quiche（♀）キッシュ
pizza（♀）ピザ

調味料 🔊60

sucre（♂）砂糖
sel（♂）塩
huile d'olive（♀）オリーヴ・オイル
poivre（♂）コショウ
moutarde（♀）マスタード
vinaigre（♂）酢

味について 🔊61

C'est	bon.	おいしい
	très bon.	とてもおいしい
	délicieux.	とてもおいしい
	sucré.	甘い
	salé.	しょっぱい
	acide.	酸っぱい
	pimenté.	辛い
	amer.	苦い
	lourd.	もたれる
	gras.	脂っこい
	fade.	味がない

※ ♂：男性名詞　♀：女性名詞

食文化

　フランスは食文化へのこだわりと誇りを持った国で，専門機関により刊行されたものも含め，食に関するガイドブックがたくさんあります．

　フランスの食文化を代表するのは，とくに外国人から見た場合，ワイン，チーズ，そしてパンなどでしょう．フランス料理の特徴は，なによりその多様性であり，世界で最も洗練されていると言われることもあります．

　フランスの各地域にはそれぞれ独自の食文化があります．例えば調理に用いるオイルにしても，フランス北西部ではバター，南西部ではガチョウの油脂，そして南東部ではオリーヴ・オイルと地域によって異なります．

　確かに，人や物が簡単に移動できるようになったために，こういった地域の独自性は徐々に薄れてきています．それゆえに，グローバル化する時代にあって，食文化の伝統に立ち戻ろうという動きも生まれています．反グローバル化や環境保護という見地から，食文化の真の姿を取り戻そうと働きかける人々がいます．

　フランス料理はさまざまな国の料理に影響を与え，また，世界中の料理から影響を受けてきました．

Gastronomie

Les nombreux guides gastronomiques en France, dont certains sont de véritables institutions, témoignent de l'attachement de ce pays à son savoir-faire culinaire.

Le vin, le fromage, le pain sont quelques-unes des icônes de la gastronomie française perçues depuis l'étranger. Ce qui caractérise la cuisine française, c'est sa diversité. Par ailleurs, elle est souvent considérée comme l'une des plus raffinées du monde.

Chaque région de France n'a rien à envier aux autres en matière de gastronomie, car chacune possède ses propres trésors et sa propre originalité. C'est ainsi, par exemple, que l'on utilise plutôt le beurre pour cuisiner dans le nord-ouest de la France, la graisse d'oie dans le sud-ouest ou l'huile d'olive dans le sud-est.

Bien entendu, les mouvements géographiques des produits et des personnes font que ces originalités s'atténuent petit à petit. Cela dit, en ces temps de mondialisation, on assiste à un véritable retour aux sources et aux traditions en matière de cuisine chez certains consommateurs. Des mouvements à teneur altermondialiste et écologiste dans le monde culinaire participent à cette recherche d'authenticité dans l'alimentation.

Notons enfin que la cuisine française influence depuis longtemps la cuisine de beaucoup de pays, en même temps qu'elle est influencée par les cuisines du monde.

Exercices

1） 適切な単語を選んで下線部に記入しましょう.

Complétez les phrases avec l'un des mots suivants :

| verre | grammes | boîte | kilo | tasse | paquet | morceau | tranche |
| sachet | part | | | | | | |

1. Un _____ de fromage râpé.
2. Une _____ de café.
3. Une _____ de pain.
4. Un _____ de chocolat.
5. Un _____ de tomates.
6. Un _____ de vin.
7. Une _____ de champignons.
8. Une _____ de tarte aux légumes.
9. Un _____ de cigarettes.
10. Six cents _____ de carottes.

2） 適切な単語を選んで下線部に記入しましょう.

Complétez les phrases avec l'un des mots suivants :

| morceau | par | paquets | tranche | milliards | verre | kilos | moitié |

1. Tu fumes beaucoup ?
   — Oui, deux _____ par jour.
2. Qu'est-ce que vous voulez boire ?
   — Un _____ de vin, s'il vous plaît.
3. Tu veux une glace en dessert ?
   — Oui mais, je vais prendre un _____ de fromage avant.
4. Combien tu pèses ?
   — Maintenant, je ne sais pas, mais le mois dernier, je pesais 55 _____ .
5. Nous n'avons qu'une seule pomme : alors, une _____ pour toi, et l'autre, pour moi.
6. Nous sommes six, et nous avons douze chocolats. Cela fait deux chocolats _____ personne.
7. Il ne faut pas manger le chocolat sans rien ! Tiens, voilà une _____ de pain.
8. Sur Terre, il y a environ sept _____ de personnes.

3）聞き取った表現を下の選択肢から選びましょう． 🔊62

Associez ce que vous entendez avec l'une des possibilités proposées.

1		2		3		4	
5		6		7		8	
9		10		11		12	

a- 350 km   e- 252 euros   i- 1,68 m

b- 72 kg   f- 2 510 yens   j- 21 cm

c- 103 euros   g- 12 510 yens   k- 99 km

d- 1,58 m   h- 58 cm   l- 44 kg

4）聞き取った数字を選びましょう． 🔊63

Entourez le nombre que vous entendez.

1) a- 33   2) a- 5   3) a- 12   4) a- 72   5) a- 85
   b- 103   b- 15   b- 2   b- 62   b- 45

6) a- 30   7) a- 96   8) a- 12   9) a- 33   10) a- 30
   b- 13   b- 86   b- 2   b- 103   b- 13

11) a- 96   12) a- 45   13) a- 5   14) a- 72
    b- 86   b- 85   b- 15   b- 62

5）絵を見ながら，彼女が何をしているかを書きましょう．

Écrivez ce qu'elle fait.

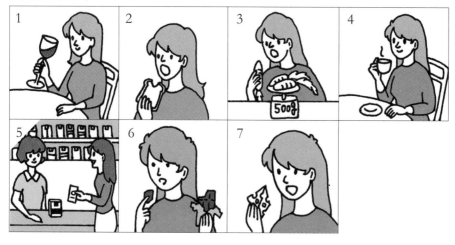

1. Elle boit _____   5. _____

2. Elle mange _____   6. _____

3. _____   7. _____

4. _____

Civi-Langue
Leçon 10

grammaire
　　比較級　形容詞／副詞
　　最上級　形容詞／副詞
　　量の比較

civilisation
　　結婚と離婚 **Mariages et divorces**

Introduction

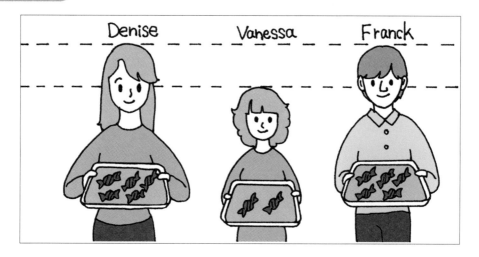

A）空欄に記入しましょう.

Complétez les phrases suivantes.

Denise	est	plus	grande	que	Vanessa.
Franck		plus			Vanessa.
Franck		aussi			Denise.
Vanessa		moins			Denise.
Vanessa		la	moins		

B）《plus》,《moins》,《autant》のうち適切なものを選び, 空欄に記入しましょう.

Choisissez entre « plus », « moins » et « autant » pour compléter les phrases suivantes.

Franck	a		de	bonbons	que	Vanessa.
Franck	a		de	bonbons	que	Denise.
Vanessa	a		de	bonbons	que	Denise.
Denise	mange			que		Vanessa.
Denise	mange			que		Franck.
Vanessa	mange			que		Franck.

Compréhension

音声を聞いてください．下の単語の中から適切なものを選び，空欄に記入しましょう．

Écoutez les textes et complétez-les avec les « Mots à choisir ».

Texte 1 🔊64   **Mariages et divorces**

Les mariages en France sont _____ nombreux qu'avant. Au _____, les divorces sont plus _____ qu'avant. C'est en 2000 que le _____ de mariages était le plus _____ en France* : un peu moins de 300 000 ! Cependant, _____ 2000, ce nombre diminue de plus en plus _____ année. Le nombre de divorces, lui, augmente de plus en plus.

Néanmoins, cette situation n'est ni nouvelle ni _____ à la France. À _____ des années 1960, les divorces ont augmenté _____ en Europe.

Toujours moins de mariages et _____ plus de divorces : bientôt, peut-être, le nombre de divorces sera le _____ que le nombre de mariages.

* 1985 年以降．

┌─ **Mots à choisir** ─────────────────────────────────┐
| partout | élevé | spéciale | contraire | même | nombre |
| partir | moins | chaque | fréquents | toujours | depuis |
└──┘

内容理解 *Questions*

1) テクストの内容と合っていれば《vrai》，違っていれば《faux》に印をつけましょう．

Vrai ou faux ?

	vrai	faux
1) Les Français ne divorcent plus.	☐	☐
2) Depuis l'an 2000, le nombre de divorces ne change pas.	☐	☐
3) Depuis l'an 2000, le nombre de mariages ne change pas.	☐	☐
4) Vers 1960, le nombre de divorces a augmenté dans tous les pays d'Europe.	☐	☐
5) Actuellement, il y a autant de divorces que de mariages en France.	☐	☐

2) a, b, c のうち，テクストの内容と合っているものをひとつ選びましょう．

Choisissez la bonne réponse.

1	Aujourd'hui en France,	a- il y a moins de mariages et moins de divorces qu'avant.
		b- il y a plus de mariages et plus de divorces qu'avant.
		c- il y a plus de divorces et moins de mariages qu'avant.
2	Il y a eu environ 300 000 mariages	a- en 2000.
		b- depuis 1985.
		c- depuis 1960.
3	À partir des années 1960, les divorces ont augmenté	a- dans l'Europe entière.
		b- en France seulement.
		c- partout en Europe, sauf en France.

Texte 2 🔊65   **L'âge du mariage en France**

En France, depuis plusieurs décennies, l'âge des mariés augmente chaque année. En
_____ , quand les femmes se marient, elles sont plus _____ que les hommes.
Actuellement, le jour de _____ mariage, les hommes _____ (en moyenne) deux ans
de plus que les femmes. Le marié a trente-trois ans et la mariée a trente et un ans*.

_____ 2000, il y avait _____ d'années de différence dans les couples que
_____ . Cependant, on se mariait _____ ans plus jeune que maintenant. On se
mariait à trente ans pour les hommes, et à _____ pour les femmes.

De nos _____ , quand les Français se marient, ils sont plus _____ qu'avant. Ils
ont souvent déjà des enfants. Ainsi, beaucoup d'enfants vont au mariage de _____
parents !

* 初婚時の平均年齢 (2018 年). Âge moyen lors du premier mariage (chiffres pour l'année 2018).

┌─ **Mots à choisir** ───┐
| maintenant | jours | ont | général | autant | vingt-huit |
| leurs | En | jeunes | leur | trois | âgés |
└───┘

内容理解 *Questions*

1) テクストの内容と合っていれば《vrai》, 違っていれば《faux》に印をつけましょう.

Vrai ou faux ?

	vrai	faux
1) Les femmes et les hommes se marient au même âge.	☐	☐
2) La mariée a deux ans de moins que le marié, en moyenne.	☐	☐
3) Aujourd'hui, en France, on se marie 3 ans plus tard qu'en 2000.	☐	☐
4) En 2000, les hommes se mariaient à 28 ans en moyenne.	☐	☐
5) Tous les couples qui ne sont pas mariés n'ont pas d'enfants.	☐	☐

2) a, b, c のうち, テクストの内容と合っているものをひとつ選びましょう.

Choisissez la bonne réponse.

1	Quand les femmes se marient, elles sont	a- plus âgées que les hommes.
		b- aussi âgées que les hommes.
		c- moins âgées que les hommes.
2	En 2000, la différence d'âge entre les hommes et les femmes au moment du mariage	a- était plus petite que maintenant.
		b- était plus grande que maintenant.
		c- était la même que maintenant.
3	Les Français qui se marient	a- ne doivent pas avoir d'enfants.
		b- ont fréquemment déjà des enfants.
		c- ne veulent pas d'enfants.
4	En 2000, on se mariait	a- 100 ans plus jeune que maintenant.
		b- 15 ans plus jeune que maintenant.
		c- 3 ans plus jeune que maintenant.
5	Beaucoup d'enfants	a- doivent aller au mariage de leurs parents.
		b- veulent aller au mariage de leurs parents.
		c- ont la possibilité d'aller au mariage de leurs parents.

Grammaire

1-a）形容詞の比較級

| plus
aussi
moins | + | 形容詞 | + | que | + | 比較の対象 |

Marie est plus grande que Gabriel.

Gabriel est moins grand que Marie.

Sylvie est aussi grande que Jean.

1-b）副詞の比較級

| plus
aussi
moins | + | 副詞 | + | que | + | 比較の対象 |

Marc court plus vite que Gabriel.

Gabriel court moins vite que Marc.

Luc court aussi vite que Marc.

En général, les hommes se marient plus tard que les femmes en France.

2-a）形容詞の最上級

| le
la
les | + | plus
moins | + | 形容詞 | + | de | + | 比較の範囲 |

2-b）副詞の最上級

| le | + | plus
moins | + | 副詞 | + | de | + | 比較の範囲 |

3）量の比較

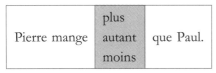

| Pierre mange | plus
autant
moins | que Paul. |

Les Français se marient moins qu'avant.

| Pierre a | plus
autant
moins | de livres que Paul. |

Expressions

文章をつなぐ表現 🔊66

donc	それゆえ
mais	しかし
cependant	しかしながら
pourtant	それでも
en revanche	それに反して
au contraire	それどころか
c'est-à-dire	すなわち
or	さて
à propos	ところで
néanmoins	しかしながら

時の表現 🔊67

en 2006	2006 年に
dans les années 1990	1990 年代に
depuis hier	きのうから
depuis le 10 mai	5 月 10 日から
depuis 1985	1985 年から
à partir du 17 août	8 月 17 日から
à partir de 2011	2011 年から

* 過去を起点とする場合は depuis を用いる．未来のある
時点から，という場合は à partir de を用いる．
Pierre travaillera dans ce magasin à partir de la
semaine prochaine.
ピエールは来週からこの店で働く．

結婚に関するデータ（海外県を含むフランス全体）

Années 年	Personnes de sexe différent 異性間			Personnes de même sexe 同性間		
	Nombre de mariages 結婚の数	Âge moyen au (premier) mariage 結婚時の平均年齢（初婚）		Nombre de mariages 結婚の数	Âge moyen au mariage 結婚時の平均年齢[注1]	
		Femmes 女性	Hommes 男性		Femmes 女性	Hommes 男性
2007	273 669	29,5	31,4	—	—	—
2008	265 404	29,6	31,6	—	—	—
2009	251 478	29,8	31,7	—	—	—
2010	251 654	30,0	31,8	—	—	—
2011	236 826	30,1	31,9	—	—	—
2012	245 930	30,2	32,0	—	—	—
2013	231 225	30,6	32,4	7 367	49,8	43,0
2014	230 770	30,9	32,6	10 522	46,2	41,4
2015	228 565	31,0	32,7	7 751	44,4	40,0
2016	225 612	31,2	32,9	7 113	44,2	39,8
2017	226 671	31,4	33,0	7 244	44,3	39,3
2018	228 349	31,6	33,2	6 386	43,8	38,7

注 1: 初婚であるかにかかわらず当該年に結婚した人の平均年齢
フランス国立統計経済研究所（INSEE）のデータ参照

Civilisation

フランスにおける結婚の変遷

19 世紀末まで，フランスでは，結婚といえば事実上「宗教婚」だけでした．ところが 1905 年以降，政教分離のために事態は変化し，現在では役所での民事婚のみが正式な結婚となっています．

どのタイプの結婚であるかはさておき，フランスではここ数十年，結婚そのものが下降線を辿っています．同棲やパックス PACS (= PActe Civil de Solidarité 民事連帯契約) といった結婚に替わる結びつきの形態が生まれ，一般化したからです．同棲は，結婚していないカップルによるある程度安定した結合ですが，一方，1999 年の法律で認められるようになったパックスとは，同性もしくは異性の成人二人の間に結ばれる共同生活の契約のことです．

パックスは大変な成功を収めました．とりわけ法律の成立に続く数年間，多数のパックスが締結されました．パックスの成功の要因として，この時点では，それが同性カップルに開かれた唯一の法的な結びつきの形態であったことが挙げられます．

2013 年以降，フランスでは同性間の結婚が認められています．「みんなのための結婚」とも呼ばれるこの同性婚によって，男同士や女同士などの民事婚が可能となっています．

Évolution de l'union en France

Jusqu'à la fin du XIXe siècle, en France, « mariage » signifiait *ipso facto* « mariage religieux ». Cependant, depuis 1905, dans un mouvement de séparation entre les pouvoirs de l'Église et de l'État, ce n'est plus le cas, et le seul mariage officiel aujourd'hui est le mariage civil (à la mairie).

Peu importe sa nature, cela fait quelques décennies que le mariage est en perte de vitesse en France. Des formes alternatives d'unions sont alors apparues et/ou se sont généralisées comme le concubinage ou le PACS. Le concubinage est une union hors mariage qui se caractérise par une certaine constance. Quant au PACS (PActe Civil de Solidarité), voté en 1999, c'est un contrat qui lie entre elles deux personnes majeures, de sexe différent ou non, dans le but d'organiser leur vie commune.

Le succès du PACS a été indéniable : de nombreux PACS ont été conclus, notamment dans les années qui ont suivi sa mise en place. Un des facteurs qui a favorisé ce succès, c'est que le PACS était, à ce moment-là, la seule forme juridique d'union civile ouverte aux couples de même sexe.

Depuis 2013, le mariage entre personnes de même sexe est autorisé en France. Ce mariage homosexuel, appelé aussi « mariage pour tous », donne la possibilité pour un couple de deux hommes ou de deux femmes de contracter un mariage civil, ce qui auparavant était exclusivement possible pour un homme et une femme.

Exercices

1) 2つの文章が同じ意味になるように，適切な単語を選び（　）内に記入しましょう．

Complétez les (　) avec l'un des mots suivants pour que le sens dans les deux phrases soit identique.

longue	lentement	mince	petite	jeune	légère	clair

1. Tu es plus âgé que moi.

   → Je suis plus (　　　) que toi.

2. La tour de Tokyo est plus grande que la tour Eiffel.

   → La tour Eiffel est plus (　　　) que la tour de Tokyo.

3. Mon studio est plus sombre que le studio de François.

   → Le studio de François est plus (　　　) que mon studio.

4. La Seine est plus courte que la Loire.

   → La Loire est plus (　　　) que la Seine.

5. Ma mère est plus grosse que moi.

   → Je suis plus (　　　) que ma mère.

6. La valise de Sophie est plus lourde que la valise de Bernard.

   → La valise de Bernard est plus (　　　) que la valise de Sophie.

7. Martine parle plus vite que Juliette.

   → Juliette parle plus (　　　) que Martine.

2) 音声を聞いて空欄に記入しましょう． 🔊68

Écoutez et complétez les phrases suivantes.

1. Anne _____ sa sœur.
2. Cécile est _____ la famille.
3. Ma grand-mère _____ .
4. Frédéric _____ que Philippe.
5. Pauline _____ Luc.
6. Claude a _____ son père.
7. Cette année, nous allons au _____ l'année dernière.
8. Béatrice n'est _____ sa mère.

3）ボールの数に関する文章を書きましょう.

Proposez des comparaisons pour évoquer le nombre de balles.

例： Il y a plus de balles rouges que de balles noires.

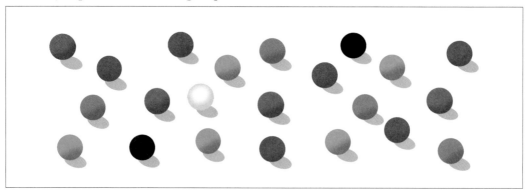

4）Candice と Nina の行動を比較し，例にならって文章を書きましょう.

Comparez les activités de Candice et Nina comme dans l'exemple.

		Candice	Nina
例	travail	35 heures par semaine	37 heures par semaine
		Candice travaille moins que Nina // Nina travaille plus que Candice.	
1.	salaire	1 325 euros par mois	1 410 euros par mois
2.	sport	1 fois par semaine	3 fois par semaine
3.	sommeil	8 heures par nuit	7 heures par nuit
4.	restaurant	2 fois par semaine	2 fois par semaine
5.	voyages	2 fois par an	3 fois par an
6.	télévision	30 minutes par jour	1 heure par jour
7.	cinéma	3 fois par semaine	4 fois par mois
8.	cigarettes	2 paquets par jour	1 paquet par jour
9.	taille	1 m 62	1 m 68
10.	poids	59 kg	60 kg

Civi-Langue
Leçon 11

grammaire
　　受動態　être + 過去分詞
　　非人称構文
　　文のつながり（同時性，条件，対比など）

civilisation
　　たばこ中毒 **Tabagisme**

Introduction

現在形で Au présent

Les ouvriers construisent un bateau (👤).	→	Un bateau (👤) est construit par les ouvriers.
Les ouvriers construisent une maison (👤).		Une maison (👤) est construite par les ouvriers.
Les ouvriers construisent des immeubles (👤 xxx).		Des immeubles (👤 xxx) sont construits par les ouvriers.
Les ouvriers construisent des voitures (👤 xxx).		Des voitures (👤 xxx) sont construites par les ouvriers.

「労働者たち」が動作の主体となっている. Les ouvriers *font* l'action.	→	「船, 家, アパート, 自動車」はその動作を受ける. Un bateau, une maison, des immeubles et des voitures *subissent* l'action.

複合過去で Au passé composé

Les ouvriers ont construit un bateau.	→	Un bateau a été construit par les ouvriers.
Les ouvriers ont construit une maison.		Une maison a été construite par les ouvriers.
Les ouvriers ont construit des immeubles.		Des immeubles ont été construits par les ouvriers.
Les ouvriers ont construit des voitures.		Des voitures ont été construites par les ouvriers.

半過去で À l'imparfait

Les ouvriers construisaient un bateau.	→	Un bateau était construit par les ouvriers.
Les ouvriers construisaient une maison.		Une maison était construite par les ouvriers.
Les ouvriers construisaient des immeubles.		Des immeubles étaient construits par les ouvriers.
Les ouvriers construisaient des voitures.		Des voitures étaient construites par les ouvriers.

音声を聞いてください．下の単語の中から適切なものを選び，空欄に記入しましょう．

Écoutez les textes et complétez-les avec les « Mots à choisir ».

Texte 1 🔊69　　　　　　　**Le tabagisme passif**

　La _____ est dangereuse pour les fumeurs. Mais elle est aussi dangereuse pour les _____ . Même si on ne fume pas, _____ est possible de tomber malade à _____ de la fumée de cigarette. Cela s'appelle le _____ passif. En France, chaque année, il semble _____ quelques milliers de personnes en meurent. Il _____ faire attention, spécialement si l'on est une femme _____ ou si l'on est un enfant. Cependant, pour tout le monde, il est nécessaire _____ faire attention. Il paraît que le tabagisme passif _____ beaucoup le risque de _____ grave.

　Il est certain qu'aujourd'hui on doit faire attention à comment on fume : c'est plus qu'une question de savoir-vivre ; c'est également une question de santé _____ .

┌─ **Mots à choisir** ──────────────────────────────┐
| que | de | publique | tabagisme | non-fumeurs | enceinte |
| faut | cause | il | maladie | cigarette | augmente |
└──┘

内容理解　*Questions*

1) テクストの内容と合っていれば《vrai》，違っていれば《faux》に印をつけましょう．

Vrai ou faux ?

	vrai	faux
1) Les femmes enceintes ne font pas attention à la cigarette.	☐	☐
2) Le tabac n'est pas dangereux pour les personnes qui ne fument pas.	☐	☐
3) Les adultes n'ont pas besoin de faire attention au tabagisme passif.	☐	☐
4) Fumer n'est plus une question de savoir-vivre.	☐	☐

2) a, b, c のうち，テクストの内容と合っているものをひとつ選びましょう．

Choisissez la bonne réponse.

1	Le tabagisme passif, c'est	a- fumer sans faire attention.
		b- fumer avec les autres.
		c- respirer la fumée des autres.
2	En France, chaque année,	a- personne ne meurt du tabagisme passif.
		b- quelques personnes meurent du tabagisme passif.
		c- beaucoup de personnes meurent du tabagisme passif.
3	Le tabagisme passif	a- est dangereux.
		b- est dangereux pour les non-fumeurs.
		c- n'est pas dangereux.
4	Qui doit faire attention au tabagisme passif ?	a- Les enfants et les adultes.
		b- Les femmes enceintes seulement.
		c- Les enfants et les femmes enceintes.

Texte 2 🔊70   # Fumer

Quand on est enfumé par les _____ , ce n'est pas agréable.

Pour _____ contre le tabagisme, le prix des cigarettes a été augmenté par le _____ . De plus, en France, une loi a été _____ par les politiciens. Depuis 1991, fumer n'importe _____ est interdit par cette loi. Restaurants, hôpitaux, transports, école, _____ , etc. : tous les lieux publics ont été aménagés pour créer des _____ pour les fumeurs.

Est-ce que les _____ ont été changées par cette loi ? Une enquête a été _____ : 15 % des adultes disent qu'ils sont exposés à la _____ de cigarette au travail.

Il est _____ que le comportement des fumeurs s'est beaucoup modifié. Mais il est sûr que les Français _____ faire plus d'efforts.

┌─ **Mots à choisir** ───┐

vrai	autres	entreprises	gouvernement	habitudes	votée
faite	peuvent	lutter	zones	où	fumée

└──┘

内容理解 *Questions*

1) テクストの内容と合っていれば《vrai》，違っていれば《faux》に印をつけましょう.

Vrai ou faux ?

		vrai	faux
1)	Les cigarettes sont moins chères qu'avant.	☐	☐
2)	On peut fumer partout en France.	☐	☐
3)	L'attitude des fumeurs n'a pas changé.	☐	☐
4)	Fumer est complètement interdit dans les lieux publics.	☐	☐
5)	La fumée de cigarette est agréable.	☐	☐

2) a, b, c のうち，テクストの内容と合っているものをひとつ選びましょう.

Choisissez la bonne réponse.

1	Les fumeurs	a- n'ont pas changé d'attitude.
		b- ont changé leurs habitudes.
		c- n'ont pas changé leurs habitudes.
2	Ce n'est pas agréable	a- d'enfumer les autres.
		b- que les autres nous enfument.
		c- quand les autres sont enfumés.
3	Dans les lieux publics,	a- on peut fumer partout.
		b- on ne peut fumer nulle part.
		c- on peut fumer dans les endroits autorisés.
4	Le prix des cigarettes	a- est plus élevé qu'avant.
		b- n'a pas changé.
		c- est moins élevé qu'avant.
5	La loi de 1991	a- interdit de fumer.
		b- ne permet pas de fumer partout.
		c- autorise les fumeurs à fumer partout.

Grammaire

1) 受動態

| être | + | 過去分詞 |

能動態　Les politiciens votent une loi.

受動態　Une loi est votée par les politiciens.

　　　　受動態で動作を行う主体は par により示される.

　　　　過去分詞は主語と性数一致.

2) 非人称構文　非人称の il（人や物を指すのではない）が主語となる文

a) 非人称の il としか用いられない動詞がある.

　　Il pleut. (pleuvoir)

　　Il neige. (neiger)

　　Il faut faire attention. (falloir)

　　　　これらの動詞は三人称単数にしか活用しない.

b) いくつかの動詞は非人称の il と用いた場合に特別の意味を持つ.

　　Il est six heures.（時刻をいう表現）

　　Il fait froid.（天候をいう表現）

　　Il y a quatre chambres dans cette maison.（…がある，　という表現）

c) 意味上の主語が後で現れる.

　　Il est possible de tomber malade à cause de la fumée de cigarette.

　　Il est sûr que les Français peuvent faire plus d'efforts.

　　Il est interdit de fumer dans tous les avions et tous les trains.

　　　　de や que に続く内容が意味上の主語.

3) 文のつながり（同時性，条件，対比など）

quand

Quand il est rentré, le dîner était déjà prêt.

si

S'il fait beau demain, on va à la plage.

même si

Il est possible de tomber malade à cause de la fumée de cigarette même si on ne fume pas.

tandis que

Marie est grande tandis que sa mère est petite.

Vocabulaire & Expressions

天気が…である 🔊71

Il fait	beau. 天気がいい
	chaud. 暑い
	mauvais. 天気が悪い
	froid. 寒い
	doux. 暖かい
	humide. 湿度が高い
	frais. 涼しい

体調 🔊72

Je me porte bien. 体調がいいです
Je suis malade. 病気です
Je n'ai pas bien dormi. よく眠れませんでした
Je n'ai pas d'appétit. 食欲がありません
Je suis enceinte. 妊娠しています

J'ai mal	à la tête. 頭が痛い
	à l'estomac. 胃が痛い
	à la gorge. のどが痛い
	aux dents. 歯が痛い

身体 🔊73

tête（♀） 頭

visage（♂） 顔

cheveux（♂xxx） 髪

œil（♂）/ yeux（♂xxx） 目

nez（♂） 鼻

bouche（♀） 口

langue（♀） 舌

oreille（♀） 耳

cou（♂） 首

gorge（♀） 喉

épaule（♀） 肩

dos（♂） 背中

ventre（♂） 腹

bras（♂） 腕

main（♀） 手

jambe（♀） 脚

pied（♂） 足

病気 🔊74

rhume（♂） 風邪

diarrhée（♀） 下痢

toux（♀） 咳

fièvre（♀） 熱

blessure（♀） けが

fracture（♀） 骨折

薬と医療器具 🔊75

médicament（♂） 薬

somnifère（♂） 睡眠薬

aspirine（♀） アスピリン

thermomètre médical（♂） 体温計

sparadrap（♂） 絆創膏

compresse（♀） 湿布

※ ♂：男性名詞　♀：女性名詞　xxx：複数形

たばこ中毒

　たばこは健康に悪いですが，喫煙者でも喫煙しない人でも，危険性をあまり意識してはいないようです．とくに若者たちは．喫煙の危険性や不快感に対処するため，フランスではここ数十年でいくつかの法律が成立しました．

　1991年以降，エヴァン法により禁じられているのは，公共の場での喫煙，たばこや関連商品の宣伝，無料配布，16歳以下の未成年者へのたばこの販売などです．

　これらの法律は，法案作成や公布の段階で「過激な」改革として非難されることもあり，フランス社会に論争を巻き起こしました．個人の自由を侵害し，経済活動にも打撃を与えるものとみなされたのです．

　ところがやがて，喫煙者たちも，こういった法律を受け入れるようになりました．その背景には，直接的あるいは間接的な喫煙による害についての研究がさらに詳細になされ，深刻さが認識されたことがあります．

　法律以外にも，喫煙者を減らすため，政府はいくつかの措置を講じました．例えば定期的なたばこ税の引き上げです．今や一箱10ユーロほどで，とても高額になっています．それでも，たばこ中毒との闘いはまだ続きます．実際，喫煙者の数は依然として多いですし，フランス本土において喫煙と関連した死は毎年75,000件ほどで，全体の約12%を占めています．

Tabagisme

　Le tabac est mauvais pour la santé, mais les fumeurs et les non-fumeurs ne sont pas toujours bien conscients des risques, surtout les jeunes. Pour essayer de remédier aux dangers (et aux désagréments) liés au tabac, plusieurs lois ont été votées ces dernières décennies en France.

　Ainsi, depuis 1991, la loi Évin interdit de fumer dans les lieux destinés à un usage collectif, la publicité pour le tabac et des produits dérivés, la distribution gratuite, la vente de tabac aux mineurs de moins de 16 ans, etc.

　Certaines personnes ont qualifié ces lois de « drastiques » au moment de leur élaboration et de leur promulgation, soulevant de vrais débats de société. Elles étaient perçues comme une atteinte à la liberté de chacun ou à des intérêts (essentiellement d'ordre économique).

　Cependant, elles ont été par la suite de mieux en mieux acceptées, y compris par les fumeurs. Il faut dire que les études publiées sur les méfaits directs ou indirects (tabagisme passif) du tabac sont de plus en plus précises, et le plus souvent alarmantes.

　En plus de nouvelles lois, certaines mesures sont prises par le gouvernement pour aider à faire baisser le nombre de fumeurs. Par exemple : augmenter régulièrement les taxes sur le tabac. Désormais, un paquet coûte environ 10 euros, ce qui est très cher. Cependant, la lutte contre le tabagisme doit continuer. En effet, le nombre de fumeurs reste élevé et 75 000 morts par an en France métropolitaine sont liées au tabac, soit 12 % environ.

Exercices

1) 2つの文章が同じ意味になるように（　）に1単語ずつ記入しましょう.

Complétez les (　) avec un mot pour que le sens dans les deux phrases soit identique.

1. Les étudiants organisent une excursion chaque année.

   → Une excursion (　　　　　) (　　　　　　　) par les étudiants chaque année.

2. Un bus a renversé une femme.

   → Une femme (　　　　　) été (　　　　　　) par un bus.

3. Tout le monde félicitait ce footballeur.

   → Ce footballeur (　　　　　) (　　　　　　) par tout le monde.

4. On a tourné ces films en Allemagne.

   → Ces films (　　　　　) (　　　　　　) (　　　　　　) en Allemagne.

5. Pierre invitera Marie à dîner.

   → Marie (　　　　　) (　　　　　　) par Pierre à dîner.

6. Il y a cinquante ans, on n'utilisait pas encore le téléphone portable.

   → Il y a cinquante ans, le téléphone portable n'(　　　　　) pas encore (　　　　).

7. On a construit la tour Eiffel vers la fin du XIXe siècle.

   → La tour Eiffel (　　　　　) (　　　　　　) (　　　　　　) vers la fin du XIXe siècle.

2) 音声を聞いて空欄に記入しましょう. 🔊76

Écoutez et complétez les phrases suivantes.

1. Je suis venu à pied (　　　　　) (　　　　　　) ma voiture était en panne.

2. (　　　　　) il faisait très froid, je suis tombé malade.

3. Marc n'avait pas faim, (　　　　　) il s'est couché sans dîner.

4. Je te conseille de prendre ce médicament (　　　　　) tu as encore mal à la tête.

5. (　　　　　) elle s'est réveillée, son mari était déjà parti.

6. Nous sommes heureux (　　　　　) (　　　　　　) nous ne sommes pas riches.

Écoutez et complétez les phrases suivantes.

1. Il _____ voitures.

2. Il _____ rendez-vous.

3. Dans mon enfance, _____ qu'actuellement.

4. Il _____ en moins de fumeurs.

5. Il _____ dans le métro.

6. Il _____ le quart.

7. Selon la météo, _____ chaud demain.

4）次の文章を受動態に書き変えましょう.（現在形，複合過去，半過去で）

Mettez ces phrases à la voix passive (au présent, au passé composé, à l'imparfait).

1.		Les ouvriers construisent une maison.
	現在	
	複合過去	
	半過去	

2.		Les joueurs respectent les règles de jeu.
	現在	
	複合過去	
	半過去	

3.		Un voleur vole une voiture.
	現在	
	複合過去	
	半過去	

Civi-Langue
Leçon 12

grammaire
条件法現在
現在分詞
ジェロンディフ
命令形

civilisation
アルコール **Alcool**

Introduction

A)〔条件法〕 例文を参考にして文章の続きを書きましょう.

Conditionnel : essayez de produire des exemples en vous aidant des modèles.

1	Si j'étais riche, j'achèterais une voiture.
	Si j'étais riche, …
2	Si la télé n'existait pas, je ferais plus de sport.
	Si la télé n'existait pas, …
3	Si je n'étais pas japonais(e), je serais australien(ne) parce que j'aime Sydney.
	Si je n'étais pas japonais(e), …

B)〔命令形〕 表に記入しましょう. 同じ番号の動詞は同様に語尾変化します.

Impératif : essayez de compléter les tableaux suivants (NB : les verbes d'un même tableau se conjuguent de façon similaire)

不定形 *infinitif*

1–a	écouter		écoutons	
1–b		chante		chantez

2–a		attends	attendons	
2–b	vendre			vendez

3–a	ouvrir	ouvre		
3–b			offrons	offrez

4–a	tenir			tenez
4–b		viens	venons	

5–a		choisis	choisissez
5–b	finir		finissons

音声を聞いてください．下の単語の中から適切なものを選び，空欄に記入しましょう．

Écoutez les textes et complétez-les avec les « Mots à choisir ».

Texte 1 🔊78   **Apéritif**

L'été, en _____ du travail, monsieur et madame Durand s'installent dans leur jardin.
Ils y _____ l'apéritif. Ce soir, en arrivant chez lui, M. Durand a rencontré son
_____, M. Verdous. Il l'a invité, lui et sa femme, à boire un _____ avant le dîner.

Mme Durand — Que voulez-vous boire, madame Verdous ?

Mme Verdous — Je _____ un kir, s'il vous plait.

Mme Durand — Et vous, monsieur Verdous, qu'est-ce que vous prenez ?

M. Verdous   — Je prendrais bien un Floc*, s'il vous plait.

Mme Durand — Et toi, chéri, un Pastis _____ d'habitude ?

M. Durand   — Non, pas aujourd'hui. J'aimerais un Floc, comme monsieur Verdous.

Mme Durand — Ah, _____ ! La _____ est vide… Va dans la _____ pour
                 en chercher une autre.

M. Verdous   — Vous partez en vacances cette année ?

Mme Durand — Malheureusement, non. Ah ! Si nous _____ des vacances, nous
                 _____ au bord de la _____. J'adorerais aller à la plage !

* Floc de Gascogne : トゥールーズ周辺で食前酒として飲まれるワイン（赤か白）．

```
┌─ Mots à choisir ─────────────────────────────────────────────────┐
│  voisin        prennent      comme       voudrais     rentrant    bouteille │
│  partirions    cuisine       mer         verre        avions      zut       │
└──────────────────────────────────────────────────────────────────┘
```

内容理解 *Questions*

1) テクストの内容と合っていれば《vrai》，違っていれば《faux》に印をつけましょう．

Vrai ou faux ?

	vrai	faux
1) Monsieur Verdous a invité monsieur Durand à boire un verre.	☐	☐
2) Mme Durand n'aime pas la mer.	☐	☐
3) Les Durand et les Verdous sont chez les Durand.	☐	☐
4) D'habitude, M. Durand prend un pastis en apéritif.	☐	☐
5) Il n'y a plus de Floc chez les Durand.	☐	☐

2) a, b, c のうち，テクストの内容と合っているものをひとつ選びましょう．

Choisissez la bonne réponse.

1	Prendre l'apéritif, c'est boire de l'alcool	a- avant le dessert.
		b- avant le repas.
		c- après le repas.
2	Qui prend le même apéritif ?	a- Mme Durand et Mme Verdous.
		b- M. Durand et M. Verdous.
		c- Mme Verdous et M. Durand.
3	Il n'y a plus de Floc	a- dans la maison.
		b- à Toulouse.
		c- sur la table du jardin.

Texte 2 🔊79   ## Permis de conduire

Pierre a dix-neuf ans. Il vient de _____ son permis de conduire. Comme il a gagné de l'argent en _____ l'été dernier, il vient d'acheter sa _____ voiture. Ses parents sont fiers de _____ . Mais sa maman est un peu _____ . C'est samedi soir, et comme d'habitude, il va sortir avec ses amis.

La maman — Tu conduis ce soir, alors ne _____ pas d'alcool.

Pierre   — Oui, maman…

La maman — Ne rentre pas _____ . Si tu as un problème, _____-nous, à n'importe _____ heure.

Pierre   — Oui, maman…

La maman — Ne fume pas trop et _____ attention en _____ !

Pierre   — Oui, maman…

La maman — … Si je pouvais, je _____ avec toi !

Pierre   — Ah non, maman !

Si Pierre ne conduisait pas ce soir, sa maman serait _____ tranquille. Son mari lui dit de ne pas s'inquiéter car Pierre est sérieux. Elle le _____ , mais elle va tout de même l'attendre dans le salon en regardant la télévision.

Mots à choisir

appelle	réussir	inquiète	lui	fais	travaillant	plus
conduisant	sait	bois	première	quelle	tard	viendrais

内容理解 *Questions*

1) テクストの内容と合っていれば《vrai》, 違っていれば《faux》に印をつけましょう.

Vrai ou faux ?

	vrai	faux
1) Pierre ne peut pas conduire de voiture.	☐	☐
2) Le samedi soir, Pierre reste à la maison en général.	☐	☐
3) L'année dernière, en juillet et en août, Pierre n'a pas travaillé.	☐	☐
4) Après minuit, Pierre ne doit plus appeler chez lui.	☐	☐
5) La maman de Pierre ne pense pas qu'il est sérieux.	☐	☐

2) a, b, c のうち, テクストの内容と合っているものをひとつ選びましょう.

Choisissez la bonne réponse.

1	Si elle pouvait, la maman de Pierre	a- ferait attention en conduisant.
		b- sortirait avec lui.
		c- regarderait plus la télévision.
2	Pierre a son permis de conduire	a- depuis longtemps.
		b- depuis toujours.
		c- depuis peu.
3	Pierre a acheté une voiture	a- avec l'argent de ses parents.
		b- avec l'argent gagné en juillet et août derniers.
		c- avec l'argent gagné en décembre dernier.
4	Pierre vient de réussir son permis et d'acheter une voiture. Ce soir, sa mère est	a- fière mais sérieuse.
		b- fière mais soucieuse.
		c- inquiète mais tranquille.

1） 条件法現在

語幹（原則的に不定形の語幹と同じ）*	+	語尾	prendre	aimer
prendre : prend-		-rais	je prendrais	j'aimerais
aimer　: aime-		-rais	tu prendrais	tu aimerais
partir　: parti-		-rait	il/elle/on prendrait	il/elle/on aimerait
adorer　: adore-		-rions	nous prendrions	nous aimerions
		-riez	vous prendriez	vous aimeriez
		-raient	ils/elles prendraient	ils/elles aimeraient

* 条件法現在の語幹は単純未来形の語幹と同じ

Si nous avions des vacances, nous partirions au bord de la mer.

Je voudrais un kir, s'il vous plait.

2） 現在分詞

現在形で nous に活用した場合の語幹	+	-ant
rentrer　: nous rentrons		rentrant
conduire : nous conduisons		conduisant
travailler : nous travaillons		travaillant

例外（語幹の形がこの原則に従わない）: être → étant　　avoir → ayant

3） ジェロンディフ

en ＋ 現在分詞

En arrivant chez lui, M. Durand a rencontré son voisin, M. Verdous.

4） 命令形

fumer		肯定命令形	否定命令形
Tu fumes.	主語を取りのぞく	Fume.	Ne fume pas.
Nous fumons.	→	Fumons.	Ne fumons pas.
Vous fumez.		Fumez.	Ne fumez pas.

-er 動詞と aller について，tu の命令形の語尾に -s を付けない.

regarder : regarde　regardons　regardez

faire : fais　faisons　faites

例外

être : sois　soyons　soyez

avoir : aie　ayons　ayez

Expressions

道をたずねる 🔊80

> La gare, s'il vous plaît ?　駅はどこですか？
>
> Où est l'Opéra Bastille, s'il vous plaît ?　オペラ・バスティーユはどこですか？
>
> Pour aller à la poste ?　郵便局へ行くには？

道案内（命令形で） 🔊81

> Allez tout droit.　まっすぐ行ってください.
>
> Continuez tout droit.　このまままっすぐ行ってください.
>
> Suivez le boulevard.　大通りを行ってください.
>
> Tournez à gauche.　左へ曲がってください.
>
> Prenez la première rue à droite.　最初の通りを右へ曲がってください.
>
> Traversez le pont.　橋を渡ってください.
>
> Prenez le métro.　地下鉄に乗ってください.
>
> Allez jusqu'à la place.　広場まで行ってください.

方向・位置 🔊82

en face de　…の向かいに	La boulangerie est en face de la banque. パン屋は銀行の向かいにあります.
devant　…の前に	La bibliothèque est devant le parc. 図書館は公園の前にあります.
derrière　…の後ろに	Le parc est derrière la bibliothèque. 公園は図書館の後ろにあります.
à côté de　…の隣りに	La banque est à coté du cinéma. 銀行は映画館の隣りにあります.
près de　…の近くに	Le cinéma est près de la gare. 映画館は駅の近くにあります.
loin de　…から遠くに	La gare n'est pas loin de l'école. 駅は学校から遠くありません.

飲酒か運転か，どちらかを選ばなければ…

　飲酒運転が引き起こす問題と危険性について，フランス人はますます意識的になっています．血液中のアルコール濃度が 1 リットルあたり 0.5 グラム以上の状態で運転することは禁じられています．それは，ビールやワインを二杯飲んだくらいに相当します．しかし，人々とお酒を飲むことは大いなる楽しみであり，フランスの日常において欠かせない要素です．食前酒（アペリティフ）や食後酒（ディジェスティフ）を飲むことは，生活習慣として定着しています．

　「アペリティフ」という用語は，主に三つの側面からなる伝統を示します．まずは，「食欲を開く」s'ouvrir l'appétit ために食前に飲む飲み物（とくにアルコール飲料）のこと．主なアペリティフとしては，パスティスやフロック，キール（白ワイン＋カシスクリーム）などがあります．また，こういった飲み物に添えられるおつまみもアペリティフと呼ばれます．ピーナツからハム・ソーセージ，ちょっとした料理まで，種類はさまざまです．さらにアペリティフは，人々が集まって飲み物や食事を分かち合う，打ち解けた雰囲気を指す言葉でもあります．

　そして食後酒は食事を閉じるためのものです．この場合は，消化を助けると思われる飲み物を飲みます．

　フランス人は食前酒や食後酒を毎日飲むわけではありません．それはとくに，祭りや特別な食事の機会に，家族や友人たちと飲むものです．

Boire ou conduire, il faut choisir…

　L'alcool au volant est un problème, voire un danger, dont les Français sont de plus en plus conscients. Cependant, s'il est interdit de conduire avec un taux d'alcool égal ou supérieur à 0,5 gramme par litre de sang (ce qui correspond environ à deux verres de bière ou de vin), partager un verre reste un vrai plaisir et fait partie de l'art de vivre en France. C'est une habitude très ancrée que de prendre l'apéritif ou le digestif.

　Le terme « apéritif » correspond à une tradition qui comporte le plus souvent trois aspects. C'est d'abord une boisson, en général alcoolisée, que l'on consomme avant le repas afin de s'ouvrir l'appétit. Comme apéritifs, on peut citer le Pastis, le Floc, le kir (vin blanc + crème de cassis). L'apéritif, c'est aussi toutes les petites nourritures qui peuvent accompagner cette boisson. Elles sont très variées et cela va des cacahuètes à des petits plats cuisinés, en passant par de la charcuterie. Ce terme « apéritif » évoque enfin le moment convivial où des personnes consomment ensemble ces boissons et nourritures.

　Le digestif, quant à lui, clôture le repas. On consomme, à ce moment-là, une boisson, souvent alcoolisée, qui est supposée faciliter la digestion.

　Les Français ne prennent pas quotidiennement l'apéritif et le digestif. C'est surtout à l'occasion d'une fête ou d'un repas en famille ou entre amis.

Exercices

1) （　）内の動詞を条件法現在形に活用しましょう.

Conjuguez au conditionnel les verbes proposés entre parenthèses.

1. S'il faisait beau, je (sortir) _____ avec mes enfants.

2. Il y (avoir) _____ beaucoup de monde sur la plage s'il ne pleuvait pas.

3. Je (vouloir) _____ un café, s'il vous plaît.

4. Si j'étais agriculteur, je (finir) _____ de travailler très tard tous les jours.

5. Si nous étions riches, nous (voyager) _____ partout dans le monde.

2) 音声を聞いて空欄に記入しましょう. 🔊83

Écoutez et complétez les phrases suivantes.

Si Frank habitait dans les Alpes, il _____ le paysage enneigé des montagnes. Il _____ dans un chalet, avec ses parents et sa sœur. Son papa _____ moniteur de ski et sa maman _____ dans un magasin de location de skis.

Il _____ souvent du ski avec sa sœur. Sa maman _____ des plats consistants avec des produits de la montagne.

L'été, il _____ des randonnées avec ses amis. Ils _____ très tôt le matin, _____ toute la journée, et _____ au sommet d'une montagne. Ensuite, ils _____ avant la nuit. Parfois, ils _____ une ou deux nuits dans la montagne.

De temps en temps, il _____ à la mer avec sa famille ou ses amis. Ils _____ sur la Côte d'Azur…

3）次の文章を命令形を使って書き直しましょう．

Réécrivez ces phrases en utilisant un impératif.

1. Tu dois écouter le professeur.
2. Les enfants, il faut chanter mieux !
3. Nous devons attendre ici.
4. Vous devez vendre cette voiture.
5. Tu dois ouvrir cette porte.
6. Monsieur, il ne faut pas fumer ici.
7. C'est l'anniversaire de votre ami : il faut lui offrir un cadeau pour son anniversaire.
8. Tu dois tenir ton chien en laisse.
9. Nous devons venir demain à huit heures.
10. Chers amis, boire ou conduire, il faut choisir.
11. Paul, c'est interdit de marcher sur la pelouse.
12. Nous devons finir ce travail ce soir.
13. Tu ne dois pas sortir.
14. Helena et Luca, c'est un hôpital ici ! On ne doit pas faire de bruit.
15. Vous devez partir maintenant.

4）次の表現を用いて，ジェロンディフを使った文章を作りましょう．

Utilisez les éléments proposés pour faire des phrases comportant un gérondif.

1. Kevin / faire les devoirs / écouter de la musique.
2. Sophie / prendre une douche / chanter.
3. Il ne faut pas téléphoner / conduire.
4. Maelys / parler parfois / dormir.
5. Les gens / regarder un match de foot / boire de la bière.
6. Benjamin et Marine / se relaxer / faire du yoga.
7. Les étudiants / apprendre beaucoup de choses / étudier.
8. Alice / tomber / faire du vélo.
9. Rémi / pleurer / apprendre une mauvaise nouvelle.
10. Quentin / dormir / avoir froid toute la nuit.

シヴィ・ラング
——ディクテ中心に学ぶフランス語と文化——
（改訂版）

Michel Sagaz
中 里 ま き 子 著

2022. 2. 1　改訂版発行

発行者　井 田 洋 二

発行所　〒101-0062　東京都千代田区神田駿河台 3 の 7　株式　駿河台出版社
　　　　電話　03 (3291) 1676　　FAX　03 (3291) 1675　会社
　　　　振替　00190-3-56669

印刷　研究社印刷（株）・製本　（株）三友印刷

ISBN 978-4-411-01136-7　C1085

動　詞　活　用　表

◇ 活用表中，現在分詞と過去分詞はイタリック体，
また書体の違う活用は，とくに注意すること．

accueillir	22	écrire	40	pleuvoir	61
acheter	10	émouvoir	55	pouvoir	54
acquérir	26	employer	13	préférer	12
aimer	7	envoyer	15	prendre	29
aller	16	être	2	recevoir	52
appeler	11	être aimé(e)(s)	5	rendre	28
(s')asseoir	60	être allé(e)(s)	4	résoudre	42
avoir	1	faire	31	rire	48
avoir aimé	3	falloir	62	rompre	50
battre	46	finir	17	savoir	56
boire	41	fuir	27	sentir	19
commencer	8	(se) lever	6	suffire	34
conclure	49	lire	33	suivre	38
conduire	35	manger	9	tenir	20
connaître	43	mettre	47	vaincre	51
coudre	37	mourir	25	valoir	59
courir	24	naître	44	venir	21
craindre	30	ouvrir	23	vivre	39
croire	45	partir	18	voir	57
devoir	53	payer	14	vouloir	58
dire	32	plaire	36		

◇ 単純時称の作り方

不定法		直説法現在			接続法現在		直説法半過去	
—er　[e]	je (j')	—e　［無音］	—s　［無音］		—e　［無音］		—ais　[ɛ]	
—ir　[ir]	tu	—es　［無音］	—s　［無音］		—es　［無音］		—ais　[ɛ]	
—re　[r]	il	—e　［無音］	—t　［無音］		—e　［無音］		—ait　[ɛ]	
—oir　[war]	nous	—ons　[ɔ̃]			—ions　[jɔ̃]		—ions　[jɔ̃]	
現在分詞	vous	—ez　[e]			—iez　[je]		—iez　[je]	
—ant　[ã]	ils	—ent　［無音］			—ent　［無音］		—aient　[ɛ]	

	直説法単純未来		条件法現在	
je (j')	—rai	[re]	—rais	[rɛ]
tu	—ras	[rɑ]	—rais	[rɛ]
il	—ra	[ra]	—rait	[rɛ]
nous	—rons	[rɔ̃]	—rions	[rjɔ̃]
vous	—rez	[re]	—riez	[rje]
ils	—ront	[rɔ̃]	—raient	[rɛ]

	直　説　法　単　純　過　去					
je	—ai	[e]	—is	[i]	—us	[y]
tu	—as	[ɑ]	—is	[i]	—us	[y]
il	—a	[a]	—it	[i]	—ut	[y]
nous	—âmes	[am]	—îmes	[im]	—ûmes	[ym]
vous	—âtes	[at]	—îtes	[it]	—ûtes	[yt]
ils	—èrent	[ɛr]	—irent	[ir]	—urent	[yr]

過去分詞	—é [e], —i [i], —u [y], —s ［無音］, —t ［無音］

①**直説法現在**の単数形は，第一群動詞では—e，—es，—e；他の動詞ではほとんど—s，—s，—t.

②**直説法現在**と**接続法現在**では，nous, vous の語幹が，他の人称の語幹と異なること（母音交替）がある.

③**命令法**は，直説法現在の tu, nous, vous をとった形.（ただし—es → e　vas → va）

④**接続法現在**は，多く直説法現在の 3 人称複数形から作られる. ils partent → je parte.

⑤**直説法半過去**と**現在分詞**は，直説法現在の 1 人称複数形から作られる.

⑥**直説法単純未来**と**条件法現在**は多く不定法から作られる. aimer → j'aimerai, finir → je finirai, rendre → je rendrai(-oir 型の語幹は不規則).

3

1. avoir

	直　説　法		

現在分詞
ayant

過去分詞
eu [y]

	現　在		半　過　去		単　純　過　去	
j'	ai	j'	avais	j'	eus	[y]
tu	as	tu	avais	tu	eus	
il	a	il	avait	il	eut	
nous	avons	nous	avions	nous	eûmes	
vous	avez	vous	aviez	vous	eûtes	
ils	ont	ils	avaient	ils	eurent	

命　令　法

aie

ayons
ayez

	複　合　過　去			大　過　去			前　過　去	
j'	ai	eu	j'	avais	eu	j'	eus	eu
tu	as	eu	tu	avais	eu	tu	eus	eu
il	a	eu	il	avait	eu	il	eut	eu
nous	avons	eu	nous	avions	eu	nous	eûmes	eu
vous	avez	eu	vous	aviez	eu	vous	eûtes	eu
ils	ont	eu	ils	avaient	eu	ils	eurent	eu

2. être

	直　説　法		

現在分詞
étant

過去分詞
été

	現　在		半　過　去		単　純　過　去	
je	suis	j'	étais	je	fus	
tu	es	tu	étais	tu	fus	
il	est	il	était	il	fut	
nous	sommes	nous	étions	nous	fûmes	
vous	êtes	vous	étiez	vous	fûtes	
ils	sont	ils	étaient	ils	furent	

命　令　法

sois

soyons
soyez

	複　合　過　去			大　過　去			前　過　去	
j'	ai	été	j'	avais	été	j'	eus	été
tu	as	été	tu	avais	été	tu	eus	été
il	a	été	il	avait	été	il	eut	été
nous	avons	été	nous	avions	été	nous	eûmes	été
vous	avez	été	vous	aviez	été	vous	eûtes	été
ils	ont	été	ils	avaient	été	ils	eurent	été

3. avoir aimé

[複合時称]

分詞複合形
ayant aimé

	直　説　法		

	複　合　過　去			大　過　去			前　過　去	
j'	ai	aimé	j'	avais	aimé	j'	eus	aimé
tu	as	aimé	tu	avais	aimé	tu	eus	aimé
il	a	aimé	il	avait	aimé	il	eut	aimé
elle	a	aimé	elle	avait	aimé	elle	eut	aimé
nous	avons	aimé	nous	avions	aimé	nous	eûmes	aimé
vous	avez	aimé	vous	aviez	aimé	vous	eûtes	aimé
ils	ont	aimé	ils	avaient	aimé	ils	eurent	aimé
elles	ont	aimé	elles	avaient	aimé	elles	eurent	aimé

命　令　法

aie aimé

ayons aimé
ayez aimé

4. être allé(e)(s)

[複合時称]

分詞複合形
étant allé(e)(s)

	直　説　法		

	複　合　過　去			大　過　去			前　過　去	
je	suis	allé(e)	j'	étais	allé(e)	je	fus	allé(e)
tu	es	allé(e)	tu	étais	allé(e)	tu	fus	allé(e)
il	est	allé	il	était	allé	il	fut	allé
elle	est	allée	elle	était	allée	elle	fut	allée
nous	sommes	allé(e)s	nous	étions	allé(e)s	nous	fûmes	allé(e)s
vous	êtes	allé(e)(s)	vous	étiez	allé(e)(s)	vous	fûtes	allé(e)(s)
ils	sont	allés	ils	étaient	allés	ils	furent	allés
elles	sont	allées	elles	étaient	allées	elles	furent	allées

命　令　法

sois allé(e)

soyons allé(e)s
soyez allé(e)(s)

条 件 法		接 続 法	

単 純 未 来 / 現 在 / 現 在 / 半 過 去

単 純 未 来	現 在	現 在	半 過 去
j' aurai	j' aurais	j' aie	j' eusse
tu auras	tu aurais	tu aies	tu eusses
il aura	il aurait	il ait	il eût
nous aurons	nous aurions	nous ayons	nous eussions
vous aurez	vous auriez	vous ayez	vous eussiez
ils auront	ils auraient	ils aient	ils eussent

前 未 来	過 去	過 去	大 過 去
j' aurai eu	j' aurais eu	j' aie eu	j' eusse eu
tu auras eu	tu aurais eu	tu aies eu	tu eusses eu
il aura eu	il aurait eu	il ait eu	il eût eu
nous aurons eu	nous aurions eu	nous ayons eu	nous eussions eu
vous aurez eu	vous auriez eu	vous ayez eu	vous eussiez eu
ils auront eu	ils auraient eu	ils aient eu	ils eussent eu

条 件 法		接 続 法	

単 純 未 来	現 在	現 在	半 過 去
je serai	je serais	je sois	je fusse
tu seras	tu serais	tu sois	tu fusses
il sera	il serait	il soit	il fût
nous serons	nous serions	nous soyons	nous fussions
vous serez	vous seriez	vous soyez	vous fussiez
ils seront	ils seraient	ils soient	ils fussent

前 未 来	過 去	過 去	大 過 去
j' aurai été	j' aurais été	j' aie été	j' eusse été
tu auras été	tu aurais été	tu aies été	tu eusses été
il aura été	il aurait été	il ait été	il eût été
nous aurons été	nous aurions été	nous ayons été	nous eussions été
vous aurez été	vous auriez été	vous ayez été	vous eussiez été
ils auront été	ils auraient été	ils aient été	ils eussent été

条 件 法		接 続 法	

前 未 来	過 去	過 去	大 過 去
j' aurai aimé	j' aurais aimé	j' aie aimé	j' eusse aimé
tu auras aimé	tu aurais aimé	tu aies aimé	tu eusses aimé
il aura aimé	il aurait aimé	il ait aimé	il eût aimé
elle aura aimé	elle aurait aimé	elle ait aimé	elle eût aimé
nous aurons aimé	nous aurions aimé	nous ayons aimé	nous eussions aimé
vous aurez aimé	vous auriez aimé	vous ayez aimé	vous eussiez aimé
ils auront aimé	ils auraient aimé	ils aient aimé	ils eussent aimé
elles auront aimé	elles auraient aimé	elles aient aimé	elles eussent aimé

条 件 法		接 続 法	

前 未 来	過 去	過 去	大 過 去
je serai allé(e)	je serais allé(e)	je sois allé(e)	je fusse allé(e)
tu seras allé(e)	tu serais allé(e)	tu sois allé(e)	tu fusses allé(e)
il sera allé	il serait allé	il soit allé	il fût allé
elle sera allée	elle serait allée	elle soit allée	elle fût allée
nous serons allé(e)s	nous serions allé(e)s	nous soyons allé(e)s	nous fussions allé(e)s
vous serez allé(e)(s)	vous seriez allé(e)(s)	vous soyez allé(e)(s)	vous fussiez allé(e)(s)
ils seront allés	ils seraient allés	ils soient allés	ils fussent allés
elles seront allées	elles seraient allées	elles soient allées	elles fussent allées

5. être aimé(e)(s) ［受動態］

直　説　法								接　続　法		
現　在			**複　合　過　去**					**現　在**		
je	suis	aimé(e)	j'	ai	été	aimé(e)		je	sois	aimé(e)
tu	es	aimé(e)	tu	as	été	aimé(e)		tu	sois	aimé(e)
il	est	aimé	il	a	été	aimé		il	soit	aimé
elle	est	aimée	elle	a	été	aimée		elle	soit	aimée
nous	sommes	aimé(e)s	nous	avons	été	aimé(e)s		nous	soyons	aimé(e)s
vous	êtes	aimé(e)(s)	vous	avez	été	aimé(e)(s)		vous	soyez	aimé(e)(s)
ils	sont	aimés	ils	ont	été	aimés		ils	soient	aimés
elles	sont	aimées	elles	ont	été	aimées		elles	soient	aimées
半　過　去			**大　過　去**					**過　去**		
j'	étais	aimé(e)	j'	avais	été	aimé(e)		j'	aie	été	aimé(e)
tu	étais	aimé(e)	tu	avais	été	aimé(e)		tu	aies	été	aimé(e)
il	était	aimé	il	avait	été	aimé		il	ait	été	aimé
elle	était	aimée	elle	avait	été	aimée		elle	ait	été	aimée
nous	étions	aimé(e)s	nous	avions	été	aimé(e)s		nous	ayons	été	aimé(e)s
vous	étiez	aimé(e)(s)	vous	aviez	été	aimé(e)(s)		vous	ayez	été	aimé(e)(s)
ils	étaient	aimés	ils	avaient	été	aimés		ils	aient	été	aimés
elles	étaient	aimées	elles	avaient	été	aimées		elles	aient	été	aimées
単　純　過　去			**前　過　去**					**半　過　去**		
je	fus	aimé(e)	j'	eus	été	aimé(e)		je	fusse	aimé(e)
tu	fus	aimé(e)	tu	eus	été	aimé(e)		tu	fusses	aimé(e)
il	fut	aimé	il	eut	été	aimé		il	fût	aimé
elle	fut	aimée	elle	eut	été	aimée		elle	fût	aimée
nous	fûmes	aimé(e)s	nous	eûmes	été	aimé(e)s		nous	fussions	aimé(e)s
vous	fûtes	aimé(e)(s)	vous	eûtes	été	aimé(e)(s)		vous	fussiez	aimé(e)(s)
ils	furent	aimés	ils	eurent	été	aimés		ils	fussent	aimés
elles	furent	aimées	elles	eurent	été	aimées		elles	fussent	aimées
単　純　未　来			**前　未　来**					**大　過　去**		
je	serai	aimé(e)	j'	aurai	été	aimé(e)		j'	eusse	été	aimé(e)
tu	seras	aimé(e)	tu	auras	été	aimé(e)		tu	eusses	été	aimé(e)
il	sera	aimé	il	aura	été	aimé		il	eût	été	aimé
elle	sera	aimée	elle	aura	été	aimée		elle	eût	été	aimée
nous	serons	aimé(e)s	nous	aurons	été	aimé(e)s		nous	eussions	été	aimé(e)s
vous	serez	aimé(e)(s)	vous	aurez	été	aimé(e)(s)		vous	eussiez	été	aimé(e)(s)
ils	seront	aimés	ils	auront	été	aimés		ils	eussent	été	aimés
elles	seront	aimées	elles	auront	été	aimées		elles	eussent	été	aimées

条　件　法								現在分詞
現　在			**過　去**					étant aimé(e)(s)
je	serais	aimé(e)	j'	aurais	été	aimé(e)		
tu	serais	aimé(e)	tu	aurais	été	aimé(e)		**過去分詞**
il	serait	aimé	il	aurait	été	aimé		été aimé(e)(s)
elle	serait	aimée	elle	aurait	été	aimée		
nous	serions	aimé(e)s	nous	aurions	été	aimé(e)s		**命　令　法**
vous	seriez	aimé(e)(s)	vous	auriez	été	aimé(e)(s)		sois　aimé(e)s
ils	seraient	aimés	ils	auraient	été	aimés		soyons　aimé(e)s
elles	seraient	aimées	elles	auraient	été	aimées		soyez　aimé(e)(s)

6. se lever［代名動詞］

直　　説　　法		接　続　法

現　在

je	me	lève	je	me	suis	levé(e)	je	me	lève
tu	te	lèves	tu	t'	es	levé(e)	tu	te	lèves
il	se	lève	il	s'	est	levé	il	se	lève
elle	se	lève	elle	s'	est	levée	elle	se	lève
nous	nous	levons	nous	nous	sommes	levé(e)s	nous	nous	levions
vous	vous	levez	vous	vous	êtes	levé(e)(s)	vous	vous	leviez
ils	se	lèvent	ils	se	sont	levés	ils	se	lèvent
elles	se	lèvent	elles	se	sont	levées	elles	se	lèvent

現在 (直説法複合過去) ／ 現在 (接続法)

半過去 ／ 大過去 ／ 過去

je	me	levais	je	m'	étais	levé(e)	je	me	sois	levé(e)
tu	te	levais	tu	t'	étais	levé(e)	tu	te	sois	levé(e)
il	se	levait	il	s'	était	levé	il	se	soit	levé
elle	se	levait	elle	s'	était	levée	elle	se	soit	levée
nous	nous	levions	nous	nous	étions	levé(e)s	nous	nous	soyons	levé(e)s
vous	vous	leviez	vous	vous	étiez	levé(e)(s)	vous	vous	soyez	levé(e)(s)
ils	se	levaient	ils	s'	étaient	levés	ils	se	soient	levés
elles	se	levaient	elles	s'	étaient	levées	elles	se	soient	levées

単純過去 ／ 前過去 ／ 半過去

je	me	levai	je	me	fus	levé(e)	je	me	levasse
tu	te	levas	tu	te	fus	levé(e)	tu	te	levasses
il	se	leva	il	se	fut	levé	il	se	levât
elle	se	leva	elle	se	fut	levée	elle	se	levât
nous	nous	levâmes	nous	nous	fûmes	levé(e)s	nous	nous	levassions
vous	vous	levâtes	vous	vous	fûtes	levé(e)(s)	vous	vous	levassiez
ils	se	levèrent	ils	se	furent	levés	ils	se	levassent
elles	se	levèrent	elles	se	furent	levées	elles	se	levassent

単純未来 ／ 前未来 ／ 大過去

je	me	lèverai	je	me	serai	levé(e)	je	me	fusse	levé(e)
tu	te	lèveras	tu	te	seras	levé(e)	tu	te	fusses	levé(e)
il	se	lèvera	il	se	sera	levé	il	se	fût	levé
elle	se	lèvera	elle	se	sera	levée	elle	se	fût	levée
nous	nous	lèverons	nous	nous	serons	levé(e)s	nous	nous	fussions	levé(e)s
vous	vous	lèverez	vous	vous	serez	levé(e)(s)	vous	vous	fussiez	levé(e)(s)
ils	se	lèveront	ils	se	seront	levés	ils	se	fussent	levés
elles	se	lèveront	elles	se	seront	levées	elles	se	fussent	levées

条　　件　　法		現在分詞

現在 ／ 過去

je	me	lèverais	je	me	serais	levé(e)	se levant
tu	te	lèverais	tu	te	serais	levé(e)	
il	se	lèverait	il	se	serait	levé	

							命　令　法
elle	se	lèverait	elle	se	serait	levée	
nous	nous	lèverions	nous	nous	serions	levé(e)s	
vous	vous	lèveriez	vous	vous	seriez	levé(e)(s)	lève-toi
ils	se	lèveraient	ils	se	seraient	levés	levons-nous
elles	se	lèveraient	elles	se	seraient	levées	levez-vous

◇ se が間接補語のとき過去分詞は性・数の変化をしない.

不 定 法 現在分詞 過去分詞	直 説 法			
	現　在	半 過 去	単純過去	単純未来
7. aimer *aimant* *aimé*	j'　aime tu　aimes il　aime n.　aimons v.　aimez ils　aiment	j'　aimais tu　aimais il　aimait n.　aimions v.　aimiez ils　aimaient	j'　aimai tu　aimas il　aima n.　aimâmes v.　aimâtes ils　aimèrent	j'　aimerai tu　aimeras il　aimera n.　aimerons v.　aimerez ils　aimeront
8. commencer *commençant* *commencé*	je　commence tu　commences il　commence n.　commençons v.　commencez ils　commencent	je　commençais tu　commençais il　commençait n.　commencions v.　commenciez ils　commençaient	je　commençai tu　commenças il　commença n.　commençâmes v.　commençâtes ils　commencèrent	je　commencerai tu　commenceras il　commencera n.　commencerons v.　commencerez ils　commenceront
9. manger *mangeant* *mangé*	je　mange tu　manges il　mange n.　mangeons v.　mangez ils　mangent	je　mangeais tu　mangeais il　mangeait n.　mangions v.　mangiez ils　mangeaient	je　mangeai tu　mangeas il　mangea n.　mangeâmes v.　mangeâtes ils　mangèrent	je　mangerai tu　mangeras il　mangera n.　mangerons v.　mangerez ils　mangeront
10. acheter *achetant* *acheté*	j'　achète tu　achètes il　achète n.　achetons v.　achetez ils　achètent	j'　achetais tu　achetais il　achetait n.　achetions v.　achetiez ils　achetaient	j'　achetai tu　achetas il　acheta n.　achetâmes v.　achetâtes ils　achetèrent	j'　achèterai tu　achèteras il　achètera n.　achèterons v.　achèterez ils　achèteront
11. appeler *appelant* *appelé*	j'　appelle tu　appelles il　appelle n.　appelons v.　appelez ils　appellent	j'　appelais tu　appelais il　appelait n.　appelions v.　appeliez ils　appelaient	j'　appelai tu　appelas il　appela n.　appelâmes v.　appelâtes ils　appelèrent	j'　appellerai tu　appelleras il　appellera n.　appellerons v.　appellerez ils　appelleront
12. préférer *préférant* *préféré*	je　préfère tu　préfères il　préfère n.　préférons v.　préférez ils　préfèrent	je　préférais tu　préférais il　préférait n.　préférions v.　préfériez ils　préféraient	je　préférai tu　préféras il　préféra n.　préférâmes v.　préférâtes ils　préférèrent	je　préférerai tu　préféreras il　préférera n.　préférerons v.　préférerez ils　préféreront
13. employer *employant* *employé*	j'　emploie tu　emploies il　emploie n.　employons v.　employez ils　emploient	j'　employais tu　employais il　employait n.　employions v.　employiez ils　employaient	j'　employai tu　employas il　employa n.　employâmes v.　employâtes ils　employèrent	j'　emploierai tu　emploieras il　emploiera n.　emploierons v.　emploierez ils　emploieront

条 件 法	接 続 法		命 令 法	同 型
現　在	現　在	半 過 去		
j'　aimerais tu　aimerais il　aimerait n.　aimerions v.　aimeriez ils　aimeraient	j'　aime tu　aimes il　aime n.　aimions v.　aimiez ils　aiment	j'　aimasse tu　aimasses il　aimât n.　aimassions v.　aimassiez ils　aimassent	aime aimons aimez	困語尾 -er の動詞 （除：aller, envoyer） を**第一群規則動詞**と もいう.
je　commencerais tu　commencerais il　commencerait n.　commencerions v.　commenceriez ils　commenceraient	je　commence tu　commences il　commence n.　commencions v.　commenciez ils　commencent	je　commençasse tu　commençasses il　commençât n.　commençassions v.　commençassiez ils　commençassent	commence commençons commencez	**avancer effacer forcer lancer placer prononcer remplacer renoncer**
je　mangerais tu　mangerais il　mangerait n.　mangerions v.　mangeriez ils　mangeraient	je　mange tu　manges il　mange n.　mangions v.　mangiez ils　mangent	je　mangeasse tu　mangeasses il　mangeât n.　mangeassions v.　mangeassiez ils　mangeassent	mange mangeons mangez	**arranger changer charger déranger engager manger obliger voyager**
j'　achèterais tu　achèterais il　achèterait n.　achèterions v.　achèteriez ils　achèteraient	j'　achète tu　achètes il　achète n.　achetions v.　achetiez ils　achètent	j'　achetasse tu　achetasses il　achetât n.　achetassions v.　achetassiez ils　achetassent	achète achetons achetez	**achever amener enlever lever mener peser (se) promener**
j'　appellerais tu　appellerais il　appellerait n.　appellerions v.　appelleriez ils　appelleraient	j'　appelle tu　appelles il　appelle n.　appelions v.　appeliez ils　appellent	j'　appelasse tu　appelasses il　appelât n.　appelassions v.　appelassiez ils　appelassent	appelle appelons appelez	**jeter rappeler rejeter renouveler**
je　préférerais tu　préférerais il　préférerait n.　préférerions v.　préféreriez ils　préféreraient	je　préfère tu　préfères il　préfère n.　préférions v.　préfériez ils　préfèrent	je　préférasse tu　préférasses il　préférât n.　préférassions v.　préférassiez ils　préférassent	préfère préférons préférez	**considérer désespérer espérer inquiéter pénétrer posséder répéter sécher**
j'　emploierais tu　emploierais il　emploierait n.　emploierions v.　emploieriez ils　emploieraient	j'　emploie tu　emploies il　emploie n.　employions v.　employiez ils　emploient	j'　employasse tu　employasses il　employât n.　employassions v.　employassiez ils　employassent	emploie employons employez	**-oyer（除：envoyer） -uyer appuyer ennuyer essuyer nettoyer**

不 定 法 現在分詞 過去分詞	直　説　法			
	現　在	半　過　去	単純過去	単純未来
14. payer *payant* *payé*	je　paye (paie) tu　payes (paies) il　paye (paie) n.　payons v.　payez ils　payent (paient)	je　payais tu　payais il　payait n.　payions v.　payiez ils　payaient	je　payai tu　payas il　paya n.　payâmes v.　payâtes ils　payèrent	je　payerai (paierai) tu　payeras (etc. . . .) il　payera n.　payerons v.　payerez ils　payeront
15. envoyer *envoyant* *envoyé*	j'　envoie tu　envoies il　envoie n.　envoyons v.　envoyez ils　envoient	j'　envoyais tu　envoyais il　envoyait n.　envoyions v.　envoyiez ils　envoyaient	j'　envoyai tu　envoyas il　envoya n.　envoyâmes v.　envoyâtes ils　envoyèrent	j'　**enverrai** tu　**enverras** il　**enverra** n.　**enverrons** v.　**enverrez** ils　**enverront**
16. aller *allant* *allé*	je　**vais** tu　**vas** il　**va** n.　allons v.　allez ils　**vont**	j'　allais tu　allais il　allait n.　allions v.　alliez ils　allaient	j'　allai tu　allas il　alla n.　allâmes v.　allâtes ils　allèrent	j'　**irai** tu　**iras** il　**ira** n.　**irons** v.　**irez** ils　**iront**
17. finir *finissant* *fini*	je　finis tu　finis il　finit n.　finissons v.　finissez ils　finissent	je　finissais tu　finissais il　finissait n.　finissions v.　finissiez ils　finissaient	je　finis tu　finis il　finit n.　finîmes v.　finîtes ils　finirent	je　finirai tu　finiras il　finira n.　finirons v.　finirez ils　finiront
18. partir *partant* *parti*	je　pars tu　pars il　part n.　partons v.　partez ils　partent	je　partais tu　partais il　partait n.　partions v.　partiez ils　partaient	je　partis tu　partis il　partit n.　partîmes v.　partîtes ils　partirent	je　partirai tu　partiras il　partira n.　partirons v.　partirez ils　partiront
19. sentir *sentant* *senti*	je　sens tu　sens il　sent n.　sentons v.　sentez ils　sentent	je　sentais tu　sentais il　sentait n.　sentions v.　sentiez ils　sentaient	je　sentis tu　sentis il　sentit n.　sentîmes v.　sentîtes ils　sentirent	je　sentirai tu　sentiras il　sentira n.　sentirons v.　sentirez ils　sentiront
20. tenir *tenant* *tenu*	je　tiens tu　tiens il　tient n.　tenons v.　tenez ils　tiennent	je　tenais tu　tenais il　tenait n.　tenions v.　teniez ils　tenaient	je　tins tu　tins il　tint n.　tînmes v.　tîntes ils　tinrent	je　**tiendrai** tu　**tiendras** il　**tiendra** n.　**tiendrons** v.　**tiendrez** ils　**tiendront**

条 件 法	接 続 法		命 令 法	同 型
現　　在	現　　在	半 過 去		
je payerais (paierais) tu payerais (*etc.*...) il payerait n. payerions v. payeriez ils payeraient	je paye (paie) tu payes (paies) il paye (paie) n. payions v. payiez ils payent (paient)	je payasse tu payasses il payât n. payassions v. payassiez ils payassent	paie (paye) payons payez	[発音] je paye [ʒəpɛj], je paie　[ʒəpɛ]; je payerai [ʒəpɛjre], je paierai [ʒəpɛrɛ].
j' enverrais tu enverrais il enverrait n. enverrions v. enverriez ils enverraient	j' envoie tu envoies il envoie n. envoyions v. envoyiez ils envoient	j' envoyasse tu envoyasses il envoyât n. envoyassions v. envoyassiez ils envoyassent	envoie envoyons envoyez	注未来，条・現を除い ては，13と同じ. **renvoyer**
j' irais tu irais il irait n. irions v. iriez ils iraient	j' **aille** tu **ailles** il **aille** n. allions v. alliez ils **aillent**	j' allasse tu allasses il allât n. allassions v. allassiez ils allassent	**va** allons allez	注yがつくとき命令法・ 現在は vas: vas-y. 直・ 現・3人称複数に ont の 語尾をもつものは他に ont(avoir), sont(être), font(faire)のみ.
je finirais tu finirais il finirait n. finirions v. finiriez ils finiraient	je finisse tu finisses il finisse n. finissions v. finissiez ils finissent	je finisse tu finisses il finît n. finissions v. finissiez ils finissent	finis finissons finissez	注finir 型の動詞を第 2群規則動詞という.
je partirais tu partirais il partirait n. partirions v. partiriez ils partiraient	je parte tu partes il parte n. partions v. partiez ils partent	je partisse tu partisses il partît n. partissions v. partissiez ils partissent	pars partons partez	注助動詞は être. **sortir**
je sentirais tu sentirais il sentirait n. sentirions v. sentiriez ils sentiraient	je sente tu sentes il sente n. sentions v. sentiez ils sentent	je sentisse tu sentisses il sentît n. sentissions v. sentissiez ils sentissent	sens sentons sentez	注18と助動詞を除 けば同型.
je tiendrais tu tiendrais il tiendrait n. tiendrions v. tiendriez ils tiendraient	je tienne tu tiennes il tienne n. tenions v. teniez ils tiennent	je tinsse tu tinsses il tînt n. tinssions v. tinssiez ils tinssent	tiens tenons tenez	注**venir** 21 と同型, ただし，助動詞は avoir.

不 定 法 現在分詞 過去分詞	直　説　法			
	現　在	半 過 去	単純過去	単純未来
21. venir *venant* *venu*	je viens tu viens il vient n. venons v. venez ils viennent	je venais tu venais il venait n. venions v. veniez ils venaient	je vins tu vins il vint n. vînmes v. vîntes ils vinrent	je **viendrai** tu **viendras** il **viendra** n. **viendrons** v. **viendrez** ils **viendront**
22. accueillir *accueillant* *accueilli*	j' **accueille** tu **accueilles** il **accueille** n. accueillons v. accueillez ils accueillent	j' accueillais tu accueillais il accueillait n. accueillions v. accueilliez ils accueillaient	j' accueillis tu accueillis il accueillit n. accueillîmes v. accueillîtes ils accueillirent	j' **accueillerai** tu **accueilleras** il **accueillera** n. **accueillerons** v. **accueillerez** ils **accueilleront**
23. ouvrir *ouvrant* *ouvert*	j' **ouvre** tu **ouvres** il **ouvre** n. ouvrons v. ouvrez ils ouvrent	j' ouvrais tu ouvrais il ouvrait n. ouvrions v. ouvriez ils ouvraient	j' ouvris tu ouvris il ouvrit n. ouvrîmes v. ouvrîtes ils ouvrirent	j' ouvrirai tu ouvriras il ouvrira n. ouvrirons v. ouvrirez ils ouvriront
24. courir *courant* *couru*	je cours tu cours il court n. courons v. courez ils courent	je courais tu courais il courait n. courions v. couriez ils couraient	je courus tu courus il courut n. courûmes v. courûtes ils coururent	je **courrai** tu **courras** il **courra** n. **courrons** v. **courrez** ils **courront**
25. mourir *mourant* *mort*	je meurs tu meurs il meurt n. mourons v. mourez ils meurent	je mourais tu mourais il mourait n. mourions v. mouriez ils mouraient	je mourus tu mourus il mourut n. mourûmes v. mourûtes ils moururent	je **mourrai** tu **mourras** il **mourra** n. **mourrons** v. **mourrez** ils **mourront**
26. acquérir *acquérant* *acquis*	j' acquiers tu acquiers il acquiert n. acquérons v. acquérez ils acquièrent	j' acquérais tu acquérais il acquérait n. acquérions v. acquériez ils acquéraient	j' acquis tu acquis il acquit n. acquîmes v. acquîtes ils acquirent	j' **acquerrai** tu **acquerras** il **acquerra** n. **acquerrons** v. **acquerrez** ils **acquerront**
27. fuir *fuyant* *fui*	je fuis tu fuis il fuit n. fuyons v. fuyez ils fuient	je fuyais tu fuyais il fuyait n. fuyions v. fuyiez ils fuyaient	je fuis tu fuis il fuit n. fuîmes v. fuîtes ils fuirent	je fuirai tu fuiras il fuira n. fuirons v. fuirez ils fuiront

条 件 法	接 続 法		命 令 法	同 型
現　在	現　在	半 過 去		
je viendrais tu viendrais il viendrait n. viendrions v. viendriez ils viendraient	je vienne tu viennes il vienne n. venions v. veniez ils viennent	je vinsse tu vinsses il vînt n. vinssions v. vinssiez ils vinssent	viens venons venez	注 助動詞は être. **devenir** **intervenir** **prévenir** **revenir** **(se) souvenir**
j' accueillerais tu accueillerais il accueillerait n. accueillerions v. accueilleriez ils accueilleraient	j' accueille tu accueilles il accueille n. accueillions v. accueilliez ils accueillent	j' accueillisse tu accueillisses il accueillît n. accueillissions v. accueillissiez ils accueillissent	**accueille** accueillons accueillez	**cueillir**
j' ouvrirais tu ouvrirais il ouvrirait n. ouvririons v. ouvririez ils ouvriraient	j' ouvre tu ouvres il ouvre n. ouvrions v. ouvriez ils ouvrent	j' ouvrisse tu ouvrisses il ouvrît n. ouvrissions v. ouvrissiez ils ouvrissent	**ouvre** ouvrons ouvrez	**couvrir** **découvrir** **offrir** **souffrir**
je courrais tu courrais il courrait n. courrions v. courriez ils courraient	je coure tu coures il coure n. courions v. couriez ils courent	je courusse tu courusses il courût n. courussions v. courussiez ils courussent	cours courons courez	**accourir**
je mourrais tu mourrais il mourrait n. mourrions v. mourriez ils mourraient	je meure tu meures il meure n. mourions v. mouriez ils meurent	je mourusse tu mourusses il mourût n. mourussions v. mourussiez ils mourussent	meurs mourons mourez	注 助動詞は être.
j' acquerrais tu acquerrais il acquerrait n. acquerrions v. acquerriez ils acquerraient	j' acquière tu acquières il acquière n. acquérions v. acquériez ils acquièrent	j' acquisse tu acquisses il acquît n. acquissions v. acquissiez ils acquissent	acquiers acquérons acquérez	**conquérir**
je fuirais tu fuirais il fuirait n. fuirions v. fuiriez ils fuiraient	je fuie tu fuies il fuie n. fuyions v. fuyiez ils fuient	je fuisse tu fuisses il fuît n. fuissions v. fuissiez ils fuissent	fuis fuyons fuyez	**s'enfuir**

不 定 法 現在分詞 過去分詞	直 説 法			
	現　　在	半　過　去	単純過去	単純未来
28. rendre *rendant* *rendu*	je rends tu rends il **rend** n. rendons v. rendez ils rendent	je rendais tu rendais il rendait n. rendions v. rendiez ils rendaient	je rendis tu rendis il rendit n. rendîmes v. rendîtes ils rendirent	je rendrai tu rendras il rendra n. rendrons v. rendrez ils rendront
29. prendre *prenant* *pris*	je prends tu prends il **prend** n. prenons v. prenez ils prennent	je prenais tu prenais il prenait n. prenions v. preniez ils prenaient	je pris tu pris il prit n. prîmes v. prîtes ils prirent	je prendrai tu prendras il prendra n. prendrons v. prendrez ils prendront
30. craindre *craignant* *craint*	je crains tu crains il craint n. craignons v. craignez ils craignent	je craignais tu craignais il craignait n. craignions v. craigniez ils craignaient	je craignis tu craignis il craignit n. craignîmes v. craignîtes ils craignirent	je craindrai tu craindras il craindra n. craindrons v. craindrez ils craindront
31. faire *faisant* *fait*	je fais tu fais il fait n. faisons v. **faites** ils **font**	je faisais tu faisais il faisait n. faisions v. faisiez ils faisaient	je fis tu fis il fit n. fîmes v. fîtes ils firent	je **ferai** tu **feras** il **fera** n. **ferons** v. **ferez** ils **feront**
32. dire *disant* *dit*	je dis tu dis il dit n. disons v. **dites** ils disent	je disais tu disais il disait n. disions v. disiez ils disaient	je dis tu dis il dit n. dîmes v. dîtes ils dirent	je dirai tu diras il dira n. dirons v. direz ils diront
33. lire *lisant* *lu*	je lis tu lis il lit n. lisons v. lisez ils lisent	je lisais tu lisais il lisait n. lisions v. lisiez ils lisaient	je lus tu lus il lut n. lûmes v. lûtes ils lurent	je lirai tu liras il lira n. lirons v. lirez ils liront
34. suffire *suffisant* *suffi*	je suffis tu suffis il suffit n. suffisons v. suffisez ils suffisent	je suffisais tu suffisais il suffisait n. suffisions v. suffisiez ils suffisaient	je suffis tu suffis il suffit n. suffîmes v. suffîtes ils suffirent	je suffirai tu suffiras il suffira n. suffirons v. suffirez ils suffiront

条 件 法	接 続 法		命 令 法	同 型
現　　在	現　　在	半 過 去		
je rendrais tu rendrais il rendrait n. rendrions v. rendriez ils rendraient	je rende tu rendes il rende n. rendions v. rendiez ils rendent	je rendisse tu rendisses il rendît n. rendissions v. rendissiez ils rendissent	rends rendons rendez	**attendre** **descendre** **entendre** **pendre** **perdre** **répandre** **répondre** **vendre**
je prendrais tu prendrais il prendrait n. prendrions v. prendriez ils prendraient	je prenne tu prennes il prenne n. prenions v. preniez ils prennent	je prisse tu prisses il prît n. prissions v. prissiez ils prissent	prends prenons prenez	**apprendre** **comprendre** **entreprendre** **reprendre** **surprendre**
je craindrais tu craindrais il craindrait n. craindrions v. craindriez ils craindraient	je craigne tu craignes il craigne n. craignions v. craigniez ils craignent	je craignisse tu craignisses il craignît n. craignissions v. craignissiez ils craignissent	crains craignons craignez	**atteindre** **éteindre** **joindre** **peindre** **plaindre**
je ferais tu ferais il ferait n. ferions v. feriez ils feraient	je **fasse** tu **fasses** il **fasse** n. **fassions** v. **fassiez** ils **fassent**	je fisse tu fisses il fît n. fissions v. fissiez ils fissent	fais faisons **faites**	**défaire** **refaire** **satisfaire** 注fais-[f(ə)z-]
je dirais tu dirais il dirait n. dirions v. diriez ils diraient	je dise tu dises il dise n. disions v. disiez ils disent	je disse tu disses il dît n. dissions v. dissiez ils dissent	dis disons **dites**	**redire**
je lirais tu lirais il lirait n. lirions v. liriez ils liraient	je lise tu lises il lise n. lisions v. lisiez ils lisent	je lusse tu lusses il lût n. lussions v. lussiez ils lussent	lis lisons lisez	**relire** **élire**
je suffirais tu suffirais il suffirait n. suffirions v. suffiriez ils suffiraient	je suffise tu suffises il suffise n. suffisions v. suffisiez ils suffisent	je suffisse tu suffisses il suffît n. suffissions v. suffissiez ils suffissent	suffis suffisons suffisez	

不 定 法 現在分詞 過去分詞	直 説 法			
	現　　在	半 過 去	単 純 過 去	単 純 未 来
35. conduire *conduisant* *conduit*	je conduis tu conduis il conduit n. conduisons v. conduisez ils conduisent	je conduisais tu conduisais il conduisait n. conduisions v. conduisiez ils conduisaient	je conduisis tu conduisis il conduisit n. conduisîmes v. conduisîtes ils conduisirent	je conduirai tu conduiras il conduira n. conduirons v. conduirez ils conduiront
36. plaire *plaisant* *plu*	je plais tu plais il **plaît** n. plaisons v. plaisez ils plaisent	je plaisais tu plaisais il plaisait n. plaisions v. plaisiez ils plaisaient	je plus tu plus il plut n. plûmes v. plûtes ils plurent	je plairai tu plairas il plaira n. plairons v. plairez ils plairont
37. coudre *cousant* *cousu*	je couds tu couds il coud n. cousons v. cousez ils cousent	je cousais tu cousais il cousait n. cousions v. cousiez ils cousaient	je cousis tu cousis il cousit n. cousîmes v. cousîtes ils cousirent	je coudrai tu coudras il coudra n. coudrons v. coudrez ils coudront
38. suivre *suivant* *suivi*	je suis tu suis il suit n. suivons v. suivez ils suivent	je suivais tu suivais il suivait n. suivions v. suiviez ils suivaient	je suivis tu suivis il suivit n. suivîmes v. suivîtes ils suivirent	je suivrai tu suivras il suivra n. suivrons v. suivrez ils suivront
39. vivre *vivant* *vécu*	je vis tu vis il vit n. vivons v. vivez ils vivent	je vivais tu vivais il vivait n. vivions v. viviez ils vivaient	je vécus tu vécus il vécut n. vécûmes v. vécûtes ils vécurent	je vivrai tu vivras il vivra n. vivrons v. vivrez ils vivront
40. écrire *écrivant* *écrit*	j' écris tu écris il écrit n. écrivons v. écrivez ils écrivent	j' écrivais tu écrivais il écrivait n. écrivions v. écriviez ils écrivaient	j' écrivis tu écrivis il écrivit n. écrivîmes v. écrivîtes ils écrivirent	j' écrirai tu écriras il écrira n. écrirons v. écrirez ils écriront
41. boire *buvant* *bu*	je bois tu bois il boit n. buvons v. buvez ils boivent	je buvais tu buvais il buvait n. buvions v. buviez ils buvaient	je bus tu bus il but n. bûmes v. bûtes ils burent	je boirai tu boiras il boira n. boirons v. boirez ils boiront

条 件 法	接 続 法		命 令 法	同 型
現　　在	現　　在	半 過 去		
je conduirais tu conduirais il conduirait n. conduirions v. conduiriez ils conduiraient	je conduise tu conduises il conduise n. conduisions v. conduisiez ils conduisent	je conduisisse tu conduisisses il conduisît n. conduisissions v. conduisissiez ils conduisissent	conduis conduisons conduisez	**construire** **cuire** **détruire** **instruire** **introduire** **produire** **traduire**
je plairais tu plairais il plairait n. plairions v. plairiez ils plairaient	je plaise tu plaises il plaise n. plaisions v. plaisiez ils plaisent	je plusse tu plusses il plût n. plussions v. plussiez ils plussent	plais plaisons plaisez	**déplaire** **(se) taire** （ただし il se tait）
je coudrais tu coudrais il coudrait n. coudrions v. coudriez ils coudraient	je couse tu couses il couse n. cousions v. cousiez ils cousent	je cousisse tu cousisses il cousît n. cousissions v. cousissiez ils cousissent	couds cousons cousez	
je suivrais tu suivrais il suivrait n. suivrions v. suivriez ils suivraient	je suive tu suives il suive n. suivions v. suiviez ils suivent	je suivisse tu suivisses il suivît n. suivissions v. suivissiez ils suivissent	suis suivons suivez	**poursuivre**
je vivrais tu vivrais il vivrait n. vivrions v. vivriez ils vivraient	je vive tu vives il vive n. vivions v. viviez ils vivent	je vécusse tu vécusses il vécût n. vécussions v. vécussiez ils vécussent	vis vivons vivez	
j' écrirais tu écrirais il écrirait n. écririons v. écririez ils écriraient	j' écrive tu écrives il écrive n. écrivions v. écriviez ils écrivent	j' écrivisse tu écrivisses il écrivît n. écrivissions v. écrivissiez ils écrivissent	écris écrivons écrivez	**décrire** **inscrire**
je boirais tu boirais il boirait n. boirions v. boiriez ils boiraient	je boive tu boives il boive n. buvions v. buviez ils boivent	je busse tu busses il bût n. bussions v. bussiez ils bussent	bois buvons buvez	

不 定 法 現在分詞 過去分詞	直 説 法			
	現　在	半 過 去	単純過去	単純未来
42. résoudre *résolvant* *résolu*	je résous tu résous il résout n. résolvons v. résolvez ils résolvent	je résolvais tu résolvais il résolvait n. résolvions v. résolviez ils résolvaient	je résolus tu résolus il résolut n. résolûmes v. résolûtes ils résolurent	je résoudrai tu résoudras il résoudra n. résoudrons v. résoudrez ils résoudront
43. connaître *connaissant* *connu*	je connais tu connais il **connaît** n. connaissons v. connaissez ils connaissent	je connaissais tu connaissais il connaissait n. connaissions v. connaissiez ils connaissaient	je connus tu connus il connut n. connûmes v. connûtes ils connurent	je connaîtrai tu connaîtras il connaîtra n. connaîtrons v. connaîtrez ils connaîtront
44. naître *naissant* *né*	je nais tu nais il **naît** n. naissons v. naissez ils naissent	je naissais tu naissais il naissait n. naissions v. naissiez ils naissaient	je naquis tu naquis il naquit n. naquîmes v. naquîtes ils naquirent	je naîtrai tu naîtras il naîtra n. naîtrons v. naîtrez ils naîtront
45. croire *croyant* *cru*	je crois tu crois il croit n. croyons v. croyez ils croient	je croyais tu croyais il croyait n. croyions v. croyiez ils croyaient	je crus tu crus il crut n. crûmes v. crûtes ils crurent	je croirai tu croiras il croira n. croirons v. croirez ils croiront
46. battre *battant* *battu*	je bats tu bats il **bat** n. battons v. battez ils battent	je battais tu battais il battait n. battions v. battiez ils battaient	je battis tu battis il battit n. battîmes v. battîtes ils battirent	je battrai tu battras il battra n. battrons v. battrez ils battront
47. mettre *mettant* *mis*	je mets tu mets il **met** n. mettons v. mettez ils mettent	je mettais tu mettais il mettait n. mettions v. mettiez ils mettaient	je mis tu mis il mit n. mîmes v. mîtes ils mirent	je mettrai tu mettras il mettra n. mettrons v. mettrez ils mettront
48. rire *riant* *ri*	je ris tu ris il rit n. rions v. riez ils rient	je riais tu riais il riait n. riions v. riiez ils riaient	je ris tu ris il rit n. rîmes v. rîtes ils rirent	je rirai tu riras il rira n. rirons v. rirez ils riront

条件法		接続法			命令法	同型
現 在		現 在		半 過 去		
je résoudrais	je	résolve	je	résolusse		
tu résoudrais	tu	résolves	tu	résolusses	résous	
il résoudrait	il	résolve	il	résolût		
n. résoudrions	n.	résolvions	n.	résolussions	résolvons	
v. résoudriez	v.	résolviez	v.	résolussiez	résolvez	
ils résoudraient	ils	résolvent	ils	résolussent		
je connaîtrais	je	connaisse	je	connusse		注t の前にくるとき
tu connaîtrais	tu	connaisses	tu	connusses	connais	i→î.
il connaîtrait	il	connaisse	il	connût		**apparaître**
n. connaîtrions	n.	connaissions	n.	connussions	connaissons	**disparaître**
v. connaîtriez	v.	connaissiez	v.	connussiez	connaissez	**paraître**
ils connaîtraient	ils	connaissent	ils	connussent		**reconnaître**
je naîtrais	je	naisse	je	naquisse		注t の前にくるとき
tu naîtrais	tu	naisses	tu	naquisses	nais	i→î.
il naîtrait	il	naisse	il	naquît		助動詞はêtre.
n. naîtrions	n.	naissions	n.	naquissions	naissons	
v. naîtriez	v.	naissiez	v.	naquissiez	naissez	
ils naîtraient	ils	naissent	ils	naquissent		
je croirais	je	croie	je	crusse		
tu croirais	tu	croies	tu	crusses	crois	
il croirait	il	croie	il	crût		
n. croirions	n.	croyions	n.	crussions	croyons	
v. croiriez	v.	croyiez	v.	crussiez	croyez	
ils croiraient	ils	croient	ils	crussent		
je battrais	je	batte	je	battisse		**abattre**
tu battrais	tu	battes	tu	battisses	bats	**combattre**
il battrait	il	batte	il	battît		
n. battrions	n.	battions	n.	battissions	battons	
v. battriez	v.	battiez	v.	battissiez	battez	
ils battraient	ils	battent	ils	battissent		
je mettrais	je	mette	je	misse		**admettre**
tu mettrais	tu	mettes	tu	misses	mets	**commettre**
il mettrait	il	mette	il	mît		**permettre**
n. mettrions	n.	mettions	n.	missions	mettons	**promettre**
v. mettriez	v.	mettiez	v.	missiez	mettez	**remettre**
ils mettraient	ils	mettent	ils	missent		
je rirais	je	rie	je	risse		**sourire**
tu rirais	tu	ries	tu	risses	ris	
il rirait	il	rie	il	rît		
n. ririons	n.	riions	n.	rissions	rions	
v. ririez	v.	riiez	v.	rissiez	riez	
ils riraient	ils	rient	ils	rissent		

不 定 法 現在分詞 過去分詞	直 説 法			
	現 在	半 過 去	単純過去	単純未来
49. conclure *concluant* *conclu*	je conclus tu conclus il conclut n. concluons v. concluez ils concluent	je concluais tu concluais il concluait n. concluions v. concluiez ils concluaient	je conclus tu conclus il conclut n. conclûmes v. conclûtes ils conclurent	je conclurai tu concluras il conclura n. conclurons v. conclurez ils concluront
50. rompre *rompant* *rompu*	je romps tu romps il rompt n. rompons v. rompez ils rompent	je rompais tu rompais il rompait n. rompions v. rompiez ils rompaient	je rompis tu rompis il rompit n. rompîmes v. rompîtes ils rompirent	je romprai tu rompras il rompra n. romprons v. romprez ils rompront
51. vaincre *vainquant* *vaincu*	je vaincs tu vaincs il **vainc** n. vainquons v. vainquez ils vainquent	je vainquais tu vainquais il vainquait n. vainquions v. vainquiez ils vainquaient	je vainquis tu vainquis il vainquit n. vainquîmes v. vainquîtes ils vainquirent	je vaincrai tu vaincras il vaincra n. vaincrons v. vaincrez ils vaincront
52. recevoir *recevant* *reçu*	je reçois tu reçois il reçoit n. recevons v. recevez ils reçoivent	je recevais tu recevais il recevait n. recevions v. receviez ils recevaient	je reçus tu reçus il reçut n. reçûmes v. reçûtes ils reçurent	je **recevrai** tu **recevras** il **recevra** n. **recevrons** v. **recevrez** ils **recevront**
53. devoir *devant* *dû* (due, dus, dues)	je dois tu dois il doit n. devons v. devez ils doivent	je devais tu devais il devait n. devions v. deviez ils devaient	je dus tu dus il dut n. dûmes v. dûtes ils durent	je **devrai** tu **devras** il **devra** n. **devrons** v. **devrez** ils **devront**
54. pouvoir *pouvant* *pu*	je **peux (puis)** tu **peux** il peut n. pouvons v. pouvez ils peuvent	je pouvais tu pouvais il pouvait n. pouvions v. pouviez ils pouvaient	je pus tu pus il put n. pûmes v. pûtes ils purent	je **pourrai** tu **pourras** il **pourra** n. **pourrons** v. **pourrez** ils **pourront**
55. émouvoir *émouvant* *ému*	j' émeus tu émeus il émeut n. émouvons v. émouvez ils émeuvent	j' émouvais tu émouvais il émouvait n. émouvions v. émouviez ils émouvaient	j' émus tu émus il émut n. émûmes v. émûtes ils émurent	j' **émouvrai** tu **émouvras** il **émouvra** n. **émouvrons** v. **émouvrez** ils **émouvront**

条 件 法	接 続 法		命 令 法	同 型
現　在	現　在	半 過 去		
je conclurais tu conclurais il conclurait n. conclurions v. concluriez ils concluraient	je conclue tu conclues il conclue n. concluions v. concluiez ils concluent	je conclusse tu conclusses il conclût n. conclussions v. conclussiez ils conclussent	conclus concluons concluez	
je romprais tu romprais il romprait n. romprions v. rompriez ils rompraient	je rompe tu rompes il rompe n. rompions v. rompiez ils rompent	je rompisse tu rompisses il rompît n. rompissions v. rompissiez ils rompissent	romps rompons rompez	**interrompre**
je vaincrais tu vaincrais il vaincrait n. vaincrions v. vaincriez ils vaincraient	je vainque tu vainques il vainque n. vainquions v. vainquiez ils vainquent	je vainquisse tu vainquisses il vainquît n. vainquissions v. vainquissiez ils vainquissent	vaincs vainquons vainquez	**convaincre**
je recevrais tu recevrais il recevrait n. recevrions v. recevriez ils recevraient	je reçoive tu reçoives il reçoive n. recevions v. receviez ils reçoivent	je reçusse tu reçusses il reçût n. reçussions v. reçussiez ils reçussent	reçois recevons recevez	**apercevoir** **concevoir**
je devrais tu devrais il devrait n. devrions v. devriez ils devraient	je doive tu doives il doive n. devions v. deviez ils doivent	je dusse tu dusses il dût n. dussions v. dussiez ils dussent	dois devons devez	注命令法はほとんど 用いられない.
je pourrais tu pourrais il pourrait n. pourrions v. pourriez ils pourraient	je **puisse** tu **puisses** il **puisse** n. **puissions** v. **puissiez** ils **puissent**	je pusse tu pusses il pût n. pussions v. pussiez ils pussent		注命令法はない.
j' émouvrais tu émouvrais il émouvrait n. émouvrions v. émouvriez ils émouvraient	j' émeuve tu émeuves il émeuve n. émouvions v. émouviez ils émeuvent	j' émusse tu émusses il émût n. émussions v. émussiez ils émussent	émeus émouvons émouvez	**mouvoir** ただし過去分詞は mû (mue, mus, mues)

不 定 法 現在分詞 過去分詞	直　説　法			
	現　　在	半　過　去	単純過去	単純未来
56. savoir *sachant* *su*	je sais tu sais il sait n. savons v. savez ils savent	je savais tu savais il savait n. savions v. saviez ils savaient	je sus tu sus il sut n. sûmes v. sûtes ils surent	je **saurai** tu **sauras** il **saura** n. **saurons** v. **saurez** ils **sauront**
57. voir *voyant* *vu*	je vois tu vois il voit n. voyons v. voyez ils voient	je voyais tu voyais il voyait n. voyions v. voyiez ils voyaient	je vis tu vis il vit n. vîmes v. vîtes ils virent	je **verrai** tu **verras** il **verra** n. **verrons** v. **verrez** ils **verront**
58. vouloir *voulant* *voulu*	je **veux** tu **veux** il veut n. voulons v. voulez ils veulent	je voulais tu voulais il voulait n. voulions v. vouliez ils voulaient	je voulus tu voulus il voulut n. voulûmes v. voulûtes ils voulurent	je **voudrai** tu **voudras** il **voudra** n. **voudrons** v. **voudrez** ils **voudront**
59. valoir *valant* *valu*	je **vaux** tu **vaux** il vaut n. valons v. valez ils valent	je valais tu valais il valait n. valions v. valiez ils valaient	je valus tu valus il valut n. valûmes v. valûtes ils valurent	je **vaudrai** tu **vaudras** il **vaudra** n. **vaudrons** v. **vaudrez** ils **vaudront**
60. s'asseoir *s'asseyant*[1] *assis*	je m'assieds[1] tu t'assieds il **s'assied** n. n. asseyons v. v. asseyez ils s'asseyent	je m'asseyais[1] tu t'asseyais il s'asseyait n. n. asseyions v. v. asseyiez ils s'asseyaient	je m'assis tu t'assis il s'assit n. n. assîmes v. v. assîtes ils s'assirent	je m'**assiérai**[1] tu t'**assiéras** il s'**assiéra** n. n. **assiérons** v. v. **assiérez** ils s'**assiéront**
s'assoyant[2]	je m'assois[2] tu t'assois il s'assoit n. n. assoyons v. v. assoyez ils s'assoient	je m'assoyais[2] tu t'assoyais il s'assoyait n. n. assoyions v. v. assoyiez ils s'assoyaient		je m'**assoirai**[2] tu t'**assoiras** il s'**assoira** n. n. **assoirons** v. v. **assoirez** ils s'**assoiront**
61. pleuvoir *pleuvant* *plu*	il pleut	il pleuvait	il plut	il **pleuvra**
62. falloir *fallu*	il faut	il fallait	il fallut	il **faudra**

22

条 件 法	接 続 法		命 令 法	同 型
現　在	現　在	半 過 去		
je saurais tu saurais il saurait n. saurions v. sauriez ils sauraient	je **sache** tu **saches** il **sache** n. **sachions** v. **sachiez** ils **sachent**	je susse tu susses il sût n. sussions v. sussiez ils sussent	**sache** **sachons** **sachez**	
je verrais tu verrais il verrait n. verrions v. verriez ils verraient	je voie tu voies il voie n. voyions v. voyiez ils voient	je visse tu visses il vît n. vissions v. vissiez ils vissent	vois voyons voyez	**revoir**
je voudrais tu voudrais il voudrait n. voudrions v. voudriez ils voudraient	je **veuille** tu **veuilles** il **veuille** n. voulions v. vouliez ils **veuillent**	je voulusse tu voulusses il voulût n. voulussions v. voulussiez ils voulussent	**veuille** **veuillons** **veuillez**	
je vaudrais tu vaudrais il vaudrait n. vaudrions v. vaudriez ils vaudraient	je **vaille** tu **vailles** il **vaille** n. valions v. valiez ils **vaillent**	je valusse tu valusses il valût n. valussions v. valussiez ils valussent		注命令法はほとん ど用いられない.
je m'assiérais[1] tu t'assiérais il s'assiérait n. n. assiérions v. v. assiériez ils s'assiéraient	je m'asseye[1] tu t'asseyes il s'asseye n. n. asseyions v. v. asseyiez ils s'asseyent	j' m'assisse tu t'assisses il s'assît n. n. assissions v. v. assissiez ils s'assissent	assieds-toi[1] asseyons-nous asseyez-vous	注時称により2種の 活用があるが, (1)は古来の活用で, (2)は俗語調である. (1)の方が多く使われ る.
je m'assoirais[2] tu t'assoirais il s'assoirait n. n. assoirions v. v. assoiriez ils s'assoiraient	je m'assoie[2] tu t'assoies il s'assoie n. n. assoyions v. v. assoyiez ils s'assoient		assois-toi[2] assoyons-nous assoyez-vous	
il pleuvrait	il pleuve	il plût		注命令法はない.
il faudrait	il **faille**	il fallût		注命令法・現在分詞 はない.